Carlos-Octavio Bunge

Principes

de Psychologie

individuelle et sociale

OUVRAGE TRADUIT DE L'ESPAGNOL

AVEC UNE PRÉFACE

PAR AUGUSTE DIETRICH

Paris, FÉLIX ALCAN, éditeur, 1903

PRINCIPES DE PSYCHOLOGIE

INDIVIDUELLE ET SOCIALE

CARLOS-OCTAVIO BUNGE

PRINCIPES DE PSYCHOLOGIE

INDIVIDUELLE ET SOCIALE

OUVRAGE TRADUIT DE L'ESPAGNOL

AVEC UNE PRÉFACE

PAR

AUGUSTE DIETRICH

PARIS

FÉLIX ALCAN, ÉDITEUR

ANCIENNE LIBRAIRIE GERMER BAILLIÈRE ET Cⁱᵉ

108, BOULEVARD SAINT-GERMAIN, 108

1903

PRÉFACE DU TRADUCTEUR

La République Argentine, qui dès les premiers jours de son existence a lutté avec tant d'héroïsme pour sa liberté et son indépendance politique, ne s'est pas montrée moins jalouse d'affirmer de bonne heure sa maîtrise intellectuelle. Dans la poésie et le domaine spécialement littéraire elle compte un certain nombre d'écrivains d'une valeur incontestable dont l'imagination ardente et le verbe grandiloque, hérités de leurs pères les vieux Espagnols, ont quelque chose de comparable à leur Rio de la Plata, qui roule majestueusement ses flots à la frange desquels viennent s'allumer des paillettes d'or, ou à leur constellation de la Croix du Sud, qui, par les belles nuits, enveloppe toute la contrée comme dans une nappe flamboyante de lumière. L'ambition des Argentins d'exercer en tout ordre d'idées une sorte de magistère de l'esprit a même revêtu parfois des formes quelque peu hyperboliques, et un de leurs poètes, José Marmol, — un grand .

poète, — s'est écrié un jour, dans une belle flam-
bée d'enthousiasme patriotique : « L'Amérique
est la vierge qui chante sur le monde, prophéti-
sant à celui-ci sa belle liberté... Repose-toi,
monde d'Europe, noble père de temps qui ne
vont pas tarder à s'évanouir ; repose-toi, tandis
que la main de l'Amérique ma mère recueille tes
fils et leur offre le pain... Si tu ne viens pas en
ennemi, nous te donnerons où semer la mois-
son... »

L'Europe n'en est pas encore à attendre cette
révélation ni cette protection de l'Amérique, quelle
que soit sa latitude, le Sud ou le Nord. Elle n'a pas
encore besoin du secours de ce nouveau et imprévu
bon Samaritain. Quoi qu'il en soit, les Argentins
sont en train de greffer sur leur activité littéraire
proprement dite une activité scientifique et philosophique, et ils affichent la prétention de ne rester étrangers à aucune des spéculations accessibles
à l'esprit humain et de nature à l'intéresser. C'est
ainsi que de leur capitale Buenos-Ayres, ville
d'ailleurs cosmopolite, mais où l'influence française est prépondérante, dans les idées intellectuelles comme dans les formes et la syntaxe
mêmes de la langue écrite, qui a presque complètement perdu son ossature castillane, nous sont
arrivés ces *Principes de psychologie individuelle et
sociale* dont nous présentons la traduction au
public français.

Quoique en pleine fleur de la jeunesse encore,

le docteur en philosophie Carlos-Octavio Bunge a déjà à son actif une œuvre sérieuse et des plus variées, puisqu'elle embrasse à la fois la philosophie dans toute sa rigueur sévère, l'histoire, la critique, et même le roman.

Le plus important de ses livres est jusqu'ici son volume « *L'Éducation* », qui compte juste six cents pages, et qui est arrivé à sa troisième édition. Il fait partie d'une grande collection publiée à Madrid sous le titre de « Biblioteca de Jurisprudencia, Filosofía é Historia », et où, entre autres noms célèbres ou illustres, on relève ceux de Lombroso, Max Muller, Mommsen, Westermarck et Herbert Spencer. Notre jeune auteur se trouve donc incontestablement en bonne compagnie, et ses débuts ont été accueillis comme des coups de maître. Son livre est le résultat d'une mission en Europe qui lui fut confiée par le ministre de l'Instruction publique de son pays, en vue d'étudier l'esprit et les méthodes d'éducation du vieux continent, et de faire bénéficier sa patrie des observations utiles que lui fournirait son enquête. M. Miguel de Unamuno, recteur de l'Université de Salamanque, une des premières autorités philosophiques de l'Espagne contemporaine, qui a écrit une préface pour le livre en question, en loue la profondeur et l'originalité d'idées, l'expérience professionnelle à la fois théorique et pratique de l'auteur, et c'est là une approbation dont celui-ci a le droit d'être fier.

Le Fédéralisme argentin et *Notre Amérique,* qui vient de paraître, sont avant tout des *actes* destinés à faire mieux connaître la belle contrée où .. .i résonne également, comme en Italie, en lui prodiguant des témoignages d'amour, mais d'un amour qui n'a rien d'aveugle, et qui ne se dissimule pas que la bien-aimée peut avoir, elle aussi, ses défectuosités et même ses tares plus ou moins graves. Cette citation empruntée au second de ces volumes en fera apprécier l'esprit : « Étudie ta patrie, analyse-la, compare-la, et tu verras que, si sa psychologie a de mauvais côtés, elle en a aussi de bons... Étends-la comme un cadavre sur ta table de travail et déchire ses chairs avec ton scalpel de sociologiste. De l'autopsie tu tireras des déductions utiles : utiles pour toi, parce que tu la trouveras peut-être plus saine que tu ne l'imaginais ; utiles pour elle, parce qu'il est possible que tu puisses coaider modestement à porter à son sujet quelque diagnostic de nature à atténuer ses maux ». M. Rafaël Altamira, professeur à l'Université d'Oviedo, auteur de la célèbre *Psychologie du peuple espagnol,* qui a fait, lui aussi, une préface pour le livre de M. Bunge, rapproche le nom de celui-ci du nom de Fichte, qui, par ses « Discours à la nation allemande » réveilla ses compatriotes de leur torpeur séculaire et leur montra la voie du devoir, celle de l' « impératif catégorique » de son vieux maître Kant. Certes M. Bunge n'a pas — du moins pour l'instant — l'autorité de Fichte, et ses pages ne sont pas soulevées par l'éloquence enflammée qui pénètre celles du philosophe allemand ; les circonstances sont d'ailleurs toutes différentes. Mais en dénonçant, comme lui, le fléchissement du caractère national, en montrant le salut dans une éducation virile qui retrempe les âmes et inspire l'esprit de sacrifice, il fait, lui aussi, à sa façon plus modeste, ce qu'on a justement nommé « un cours de patriotisme ».

Les *Principes de psychologie individuelle et sociale,* quoique rentrant dans la philosophie pure, s'éloignent en réalité beaucoup moins des travaux que nous venons de signaler, qu'on ne serait tenté de le croire au premier abord. En passant de la question de l'éducation et de l'étude de son pays à l'établissement d'une psychologie telle qu'elle lui semble devoir résulter de l'examen attentif et approfondi de la nature humaine et des choses, l'auteur aboutit logiquement, par le fait même, à poser de nouveau les principes et les bases de l'éducation individuelle et sociale. Ainsi ses travaux, loin d'être isolés, se rejoignent et se complètent. Le livre que le lecteur a sous les yeux s'occupe moins encore des principes de la psychologie que des résultats et des conclusions qui ressortent des travaux des grands psychologues allemands, anglais et aussi français, qui, dans ces dernières vingt-cinq années, ont constitué la psychologie comme une science autonome,

indépendante de toute philosophie dogmatique,
en l'élevant au même rang que les sciences naturelles. Elle se trouve d'ailleurs avec celles-ci en
une double connexion : d'abord comme science
particulière de ces êtres naturels qui sont des
sujets conscients, et ensuite comme science générale de l'esprit, par opposition à la science
générale de la nature.

Ces *Principes de psychologie* sont une sorte
d'index des idées philosophiques et sociologiques
du jeune penseur. La forme en est tour à tour
très dogmatique et très libre ; à côté d'axiomes
très secs qui rappellent le procédé algébrique de
Spinoza, éclatent soudain des airs de bravoure
qui sont d'un musicien et d'un poète. L'œuvre,
en somme, sent moins l'érudit de cabinet et le
travailleur de laboratoire que le chercheur personnel. Nous laissons aux critiques *ex professo* le
soin de lui appliquer le compas à leur usage. Pour
notre part, puisqu'il est établi à peu près comme
une loi qu'un traducteur ne doit pas faire acte de
trop grande sévérité à l'égard de l'auteur qu'il
traduit, nous réservons pour nous notre jugement
d'ensemble. Tout ce que nous nous laisserons
aller à dire, c'est que certaines pages de M. Bunge
débordent parfois un peu trop d'imagination et
de personnalité ; mais, ceci accordé, nous croyons
que l'auteur mérite quelque louange au moins
pour l'ingéniosité et l'élévation de ses idées, pour
un certain nombre d'aperçus brillants et origi-

naux qui forcent le lecteur à réfléchir, et pour le souffle éloquent qui, par endroits, soulève son style.

Prenons donc ce livre tel qu'il s'offre à nous, non comme une œuvre achevée et définitive, comme un modèle de science et d'argumentation, mais comme une manifestation intéressante d'un esprit éveillé et actif, qui incarne en traits assez typiques la mentalité de son pays d'origine, cette jeune république méridionale pleine de vivacité et d'audace intellectuelles, absolument dégagée de préjugés religieux et scolastiques, et qui corrige ses exubérances parfois un peu bruyantes par une certaine ingénuité candide faite pour désarmer la sévérité. M. Carlos-Octavio Bunge, avec sa belle ardeur qui ne doute de rien, fait songer à ces jeunes chevaux de race de son pays, qui, l'œil hardi, les naseaux frémissants, leur crinière naissante dispersée au vent, se précipitent là où les emporte leur caprice, en renversant tous les obstacles qui pourraient entraver la liberté de leurs élans et de leurs bonds. Mais le moment ne vient que trop vite où le jeune cheval fougueux, forcé de ployer le flanc sous la volonté d'un maître, perd sa fringance primitive, et où un jeune écrivain, après avoir jeté sa gourme intellectuelle assez souvent sous forme d'assertions quelque peu hasardées et de métaphores tant soit peu audacieuses, s'assagit forcément, et, s'il a un mérite véritable, entre à son tour dans le chœur des esprits de marque. C'est le souhait que nous adressons à l'auteur des *Principes de psychologie individuelle et sociale*. Les heureux dons naturels de M. Bunge et son ardeur au travail permettent d'augurer qu'il donnera avec le temps à sa belle patrie argentine une œuvre définitive qui, portée jusqu'en Europe sur les ailes de la renommée, justifiera son ambition très légitime de faire vivre son nom.

AUGUSTE DIETRICH.

Paris, juillet 1903.

INTRODUCTION

Je professe au sujet de la psychologie deux idées singulières.

La première, que tous les phénomènes psychiques peuvent se réduire à quelques formules précises et à quelques lois qui s'engrènent entre elles.

La seconde, que tous les grands philosophes, depuis l'antiquité la plus reculée, ont enseigné des doctrines vraies et corrélatives, dont les différences sont plutôt des questions de mots que d'idées.

Contre ces assertions peut-être audacieuses on peut m'objecter que, en apparence du moins, les doctrines émises dans le cours des âges présentent des contradictions inconciliables, comme le spiritualisme platonique et l'expérimentalisme de l'école physiologique actuelle ; que la psychologie moderne elle-même se compose d'écoles diverses dont les membres, comme les hommes qui bâtirent la tour de Babel, ne s'entendent pas entre eux ; et que, quoique la terminologie ait acquis depuis le xviiᵉ siècle une précision beaucoup plus grande, des volumes innombrables sont consacrés à l'étude de phénomènes en apparence différents, et peut-être irréductibles à des lois simples et génériques.

Je m'explique ces pures *apparences* par les facteurs suivants :

1° Les superstitions religieuses ont envahi sans cesse le champ de la psychologie.

2° Les doctrines des *summi philosophi* ont été sans cesse dénaturées par les penseurs de second ordre, qui n'ont pu les comprendre dans leur totalité. S'ils avaient été capables de les comprendre, ils auraient été à leur tour originaux.

3° Les traductions, à travers l'espace et particulièrement à travers le temps, ont dénaturé les idées originelles de ces *summi philosophi*, comme, par exemple, quand de simples mots-symboles de la dialectique grecque se sont changés par la suite en existences positives, comme cela est arrivé pour la notion de l' « âme ».

4° On a confondu ce qui appartient à la psychologie avec ce qui incombe à la métaphysique : chose encore d'usage courant chez les philosophes modernes qui, en étudiant, par exemple, l'intelligence, commencent par nier ou affirmer l'immortalité de l'âme, comme si cette discussion rentrait dans l'étude prudente de la psychologie, et ne constituait pas de simples hypothèses métaphysiques.

De plus, 'dans la psychologie contemporaine, nous rencontrons cette nouvelle difficulté :

Ceux qui étudient la psychologie par la méthode physiologique expérimentale, se basant sur le fait que tout phénomène psychique est corrélatif à un changement dans le système nerveux, dédaignent l'observation intérieure en tant que méthode scientifique (école physiologique) : et, à leur tour, ceux qui admettent l'observation intérieure comme le meilleur moyen de sonder les profondeurs de notre psyché, font abstraction autant qu'ils peuvent de la physiologie psychologique (école intellectualiste).

Cependant, la physiologie psychologique seule peut nous fournir les bases les plus élémentaires pour étudier scientifiquement la psychologie ; et, de son côté, l'observation intérieure seule peut nous révéler, au moins pour le moment, les opérations les plus élevées de l'esprit humain. En conséquence, l'une et l'autre sont des bases indispensables pour construire un système scientifique : elles se complètent. La première constitue les racines de l'arbre touffu de la psychologie ; la seconde, sa ramure pressée et ses riches efflorescences. Dédaigner l'une est aussi absurde que dédaigner l'autre. Peu de psychologues, je suis tenté de dire aucun, ne les a étudiées simultanément. Les plus complets se consacrent à l'une quelconque des deux, sans nier mais aussi sans étudier spécialement l'autre. Tels Bain et Herbart qui, se basant sur l'observation interne, parlent avec un profond respect de la physiologie psychologique ; tel Wundt qui, expliquant la psychologie physiologique, ne méconnaît pas la transcendance de l'observation interne. Mais personne jusqu'ici, je crois, n'a *amalgamé* logiquement les conclusions de l'une et de l'autre, pour condenser en quelques notions fondamentales la véritable PSYCHOLOGIE SCIENTIFIQUE.

La psycho-physiologie n'a qu'un moyen d'observation : la physiologie. Ce que je nomme la psychologie rationnelle en possède deux : la physiologie (les phénomènes révélés par la psycho-physiologie), et l'observation interne. Donc, la psychologie scientifique part de l'expérimentation physique et s'élève jusqu'à l'expérimentation psychique. Son objet est d'étudier la psyché humaine, pour décrire sa phénoménologie.

Mais l'esprit humain a ambitionné quelque chose de plus que la description de lui-même : il a recherché son origine, et, par conséquent, celle de toutes les choses, la *causa causarum*. La science qui traite de ces investigations sur « l'Inconnaissable », on l'a appelée métaphysique.

Pour raisonner sur l'Inconnaissable, nous ne possédons qu'un moyen : l'intelligence, qui conçoit l'existence de l'Infini, bien qu'elle ne se l'explique point. Alors, l'Inconnaissable ne peut être étudié que dans l'intelligence même. En consé-

quence, la méthode scientifique d'une MÉTAPHY-
SIQUE POSITIVE doit être exclusivement psychologique. Pour cette raison, je donnerai à la métaphysique le nom de PSYCHOLOGIE TRANSCENDANTALE.
Son objet doit se réduire à délimiter ce qui est
connu, et peut être connu, de ce qui, au moins
pour le moment, ne peut l'être. Ses bases sont la
psycho-physiologie et la psychologie scientifique.
Elle implique un groupement et une classification
de faits physiques et psychiques desquels sur-
gissent des inductions générales. Son utilité
consiste à *séparer* les problèmes solubles de la
psychologie (psycho-physiologie et physiologie
empirique) des problèmes insolubles, en vue
d'éclaircir et de préciser positivement la science
de notre esprit.

Par un préjugé erroné, qui a sa racine dans la
réaction contre l'empirisme des scolastiques et des
romantiques, le vulgaire rejette aujourd'hui en
bloc toute conception métaphysique de l'univers.
Je crois, cependant, que sous peine d'instabilité
ou d'étroitesse d'idées, et bien qu'on essaye parfois de la dissimuler comme une infraction démo-
dée à la logique, tout penseur doit la posséder. Il
suffit, pour qu'il la possède, qu'il pense *par lui-
même*. Intuitivement, il la possède.

Quand, dans la sphère du conscient, l'intelligence *raisonne*, elle procède inductivement de la
sensation à la perception, et de la perception au

concept ; c'est-à-dire du moins au plus, du détail à l'ensemble. Ceci est la « méthode positive ».

Quand l'intelligence *conçoit*, elle procède inductivement et déductivement, par opérations simultanées d'abstraction et de concrétion, d'analyse et d'ontologie, de conscience et de subconscience. Ceci est, suivant les cas, la méthode scolastique, romantique ou aprioristique, appelée aussi, par antonomase, « métaphysique ».

Mais un auteur doit, dans la modalité actuelle de la pensée humaine, *faire raisonner* le lecteur, parce que le lecteur ne concevra jamais originairement les idées de l'auteur. Ils sont passés les temps où celui-ci pouvait, pour autoriser sa parole, invoquer sa propre divinité, ou la révélation, ou l'*interna visio*. Aussi, quel que soit son mode de concevoir, il convient que dans son exposition il se restreigne à une forme inductive, « positive », la plus logique pour celui qui, comme le lecteur, raisonne dans le champ des spéculations conscientes.

La conception d'une métaphysique est, en derniers termes, une *sensation d'ensemble*. L'auteur, pour ne pas heurter l'esprit du siècle et l'intelligence du lecteur, doit faire raisonner celui-ci du moins au plus, par la « méthode positive », jusqu'à ce qu'il culmine en cette sensation d'ensemble qui est l'*ultima ratio* de son verbe.

Donc, tout penseur original est, par le *modus operandi* de sa psyché consciente et subconsciente,

éclectique ; et, en vérité, l'adoption de tel ou tel
système d'exposition est plus une question de
dialectique que de pensée, de forme que de fond.
Mais pour les raisons indiquées (elles sont en réalité au nombre de deux : la réaction antidogma-
tique et la commodité du lecteur), plus que par
mode ou par *pose* de sécurité, de nos jours est
efficace la méthode positive. Le fait de l'adopter
n'implique point que je nie, comme la nient beaucoup de « positivistes » endurcis, l'existence de
ces sensations d'ensemble, expression ultime de
la science, qui constituent en tous les temps la
métaphysique. Je crois donc en l'existence d'une
métaphysique positive. Si les positivistes ne la *voient*
point, c'est par suite d'une illusion d'optique.

Ainsi, bien que je me soumette à la « méthode
positive » pour présenter, mais non pour concevoir mes idées, je ne partage pas l'horreur pour
la métaphysique de certains pseudo-philosophes
contemporains. Je vais jusqu'à sympathiser, me
séparant de l'esprit de mon siècle, je ne dis pas
avec le dogme hindou, mais avec la divinisation
que font d'eux-mêmes les anciens thaumaturges,
et même avec la révélation des théologiens. Seule
l'inspiration romantique m'est antipathique, et je
crois que la cause en est qu'elle me marche sur les
talons. Elle est beaucoup trop immédiate pour
que, imbu comme je le suis de l'idée de progrès,
la haine qu'elle excite ne m'ait pas atteint. C'est
là un phénomène semblable au mépris que pro-

voque chez les dames élégantes du xxᵉ siècle la
mode des vertugadins et des polissons de la première moitié du xixᵉ siècle ; ils sont trop près de
nous pour qu'on les admire, comme les collets de
Marie de Médicis et les ridicules exagérations de
la Pompadour et de Marie-Antoinette.

Je me le demande à moi-même : si j'avais écrit
cet ouvrage, comme j'aurais bien pu l'écrire, en
ce style-ci ou en ce style-là, à une tout autre
époque, l'aurais-je basé également sur la « méthode positive » ? Je l'avoue ingénuement, au
risque de blesser les chastes oreilles de certaines
écoles modernes : avant le Christ, je l'aurais basé
sur ma propre divinisation ; plus tard, comme
saint Thomas d'Aquin, sur la révélation divine ;
vers la Renaissance, sur l'*interna visio* de Vivès et
de Sanchez ; lors du néo-humanisme romantique
du xviiiᵉ siècle à la Rousseau, sur l'inspiration
personnelle ; après Darwin, nous devons le baser
sur le « positivisme ». Mais nous nous éloignons
des temps de Darwin : sur quoi le fonder, alors ?
On doit considérer comme déjà incorporés aux
sciences morales et politiques les progrès de la
biologie. Mais cette seule circonstance suffira-t-elle
pour affirmer qu'on applique aujourd'hui à ces
sciences une *nouvelle* méthode d'investigation,
la méthode « positive », complètement différente
des méthodes appliquées antérieurement par tous
les penseurs ?

Au fond, tout est la même chose. *Vanitas*

vanitatum, omnia vanitas. C'est toujours l'intelligence créatrice qui parle; c'est l'aspiration humaine vers l'au-delà du progrès qui agit. Mais elle n'émerge pas spontanément de chaque collectivité; elle s'incarne dans le verbe des « élus ». Et quand ceux-ci commencent leur discours, personne ne les écoute. Force alors leur est d'enraciner leur enseignement innovateur dans quelque chose qui s'impose à la multitude. Quand la multitude était très barbare, l'élu s'érigeait en Dieu. Plus tard il lui suffit d'invoquer Dieu. Ensuite il dut prendre l'allure romantique de régénérateur humain, rien qu'humain. Aujourd'hui il doit se baser sur la conviction et convaincre par la logique. Pour convaincre, il faut expliquer tout par les faits : de là le « positivisme ». Il n'est en soi qu'une forme nouvelle de ce même phénomène de la divinisation, de la révélation, de l'inspiration. C'est un *rinforzando* de l'accord personnel du héros.

Ainsi, dans mon for intérieur, bien que je reconnaisse la supériorité du positivisme comme méthode d'exposition de clarté didactique, peu m'importe la prétendue évidence du positivisme, que je ne considère, *en soi*, comme ni plus puissant ni plus exact, c'est-à-dire *plus positif,* que la dialectique grecque ou le syllogisme scolastique. Arrêtez-vous, lecteurs, à ce fait : une hypothèse, celle de Lamarck, engendra hier les découvertes modernes de la science positive, et une autre hypothèse, celle de la psychologie de la cellule, les limite aujourd'hui. En quoi ce positivisme se différencie-t-il essentiellement des autres méthodes humaines, qui, elles aussi, ont procédé en formulant des hypothèses aprioristiques et en les vérifiant ensuite par des faits positifs ? En ce qu'il est plus hypocrite, parce qu'il dissimule mieux les premières origines de ses doctrines ; et en ce qu'il est mieux informé, non que sa méthode soit meilleure, mais parce qu'il a paru à une époque où l'humanité a découvert le plus de vérités dans l'ordre physique, et connaît infiniment mieux les processus auparavant secrets de la nature. Voilà tout.

Donc, j'entends par MÉTAPHYSIQUE POSITIVE : *une doctrine générale sur l'homme et le monde, une sensation d'ensemble basée sur les derniers progrès des sciences physico-naturelles et exposée inductivement en une accumulation de faits et de lois vérifiés, tels qu'ils se présentent dans le déterminisme de la réalité.*

Je n'adopte pas toujours, comme on le verra, la terminologie des psychologues français contemporains. Je combats et je remplace, entre autres, le terme capital « états de conscience », qu'on a employé jusqu'à présent, d'une façon impropre, je crois, pour désigner une entité psychique quelconque, consciente ou subconsciente.

Je ne donne pas de définitions des concepts essentiels, tels que conscience, volonté, plaisir, douleur, etc., parce que personne n'ignore expérimentalement ce que signifient ces termes, dont les définitions sont toujours des tautologies. Seulement, quand je trouve quelque *fait* qui peut caractériser ces entités, spécialement un nexus intime, et surtout un nexus qui a été généralement négligé, je le signale, moins comme une définition que comme une donnée nouvelle.

J'emploie quelques expressions allemandes en guise de traductions illustratives, parce que la langue allemande, grâce à la facilité qu'elle offre de composer des termes avec des éléments simples et précis, nous fournit des mots composés éminemment psychologiques. Le mot « conscience », par exemple, se traduit par « *Bewustsein* », composé de « *Bewust* », connaissance, et de « *sein* », être, exister. Quel néophyte de la philosophie ignorera qu'un pareil terme signifie « connaissance de l'existence de soi-même et du monde objectif »? « *Wahrnehmung* », « *Anschauung* », « *Allgeist* », etc., sont des termes qui, en allemand, simplifient la tâche du psychologue, en lui évitant des tautologies, des paraphrases et de mauvaises interprétations. Henri Heine disait que, pour comprendre les métaphysiciens allemands, il faut les traduire en français. Le contraire m'arrive avec les grands psychologues français : j'ai besoin de les traduire, au moins pour leurs mots conducteurs, en allemand. Il est vrai que MM. Guyau, Ribot, Fouillée et Richet nous facilitent tous à l'occasion la tâche, en énonçant entre parenthèse l'expression allemande ou anglaise correspondante, qui présente de meilleures conditions de précision.

En dernière analyse, et une fois indiquées les observations relatives à la question, les propositions du présent essai sont :

1° Tendre à amalgamer définitivement toutes les *vérités vérifiées* au sujet des fonctions et de la nature de l'esprit humain, qu'elles proviennent d'écoles idéalistes ou matérialistes, de l'observation interne ou de la physiologie.

2° *Délimiter* les catégories distinctes entre lesquelles on pourrait, pour mieux l'étudier, diviser la psychologie.

3° Fonder la métaphysique sur l'étude directe de la psychologie.

PRINCIPES DE PSYCHOLOGIE
INDIVIDUELLE ET SOCIALE

CHAPITRE PREMIER

La psychologie se divise en trois degrés, embrasse toute la philosophie, emploie toutes les méthodes, et donne une méthodologie unique aux sciences morales.

L'humaniste de la Renaissance croyait devoir étudier toute chose profusément, sans ordre ni méthode : théologie, philosophie, physique, grammaire, histoire, astrologie, éthique, littérature, chimie, etc. ; et sa caractéristique fut l'érudition. Le philosophe romantique du néo-humanisme tendait à penser, à l'inverse, que, pour connaître l'homme, il suffisait de savoir s'observer soi-même et observer les autres d'après soi-même ; que les connaissances extensives pouvaient plutôt nuire qu'être utiles à sa vie intensive ; et l'inspiration fut son levier. Le philosophe positiviste moderne croit que, pour connaître l'homme, les sciences physico-naturelles suffisent ; que, après elles, seule la philologie comparée peut jeter quelque lumière sur l'ethnographie ; mais que, en

général, tout l'ensemble des études morales du
passé n'est qu'un fatras inutile de choses vagues
et absurdes : et il base son humanisme presque
exclusivement sur la psycho-physiologie.

Aucune de ces opinions ne me semble aujour-
d'hui admissible : ni l'effrénée érudition du
moyen âge, de nature à dissiper la vie en études
médiocrement fructueuses ou même infructueuses ;
ni l'ignorance romantique, qui peut, en l'absence
de génie, conduire à l'absurde ; ni l'exclusion
positiviste, qui dédaigne les données capitales sur
l'évolution morale et intellectuelle des hommes
à travers l'Histoire.

Si l'on confie à un habile ouvrier un instrument de travail inconnu, compliqué et puissant,
pour qu'il exécute une œuvre déterminée, l'ouvrier procédera tout d'abord à trois opérations
préliminaires. En premier lieu, il étudiera l'instrument, sa forme, son poids, sa substance, ses
parties composantes, l'engrenage de ses pièces ;
puis, l'instrument étudié en lui-même, il en véri-
fiera le maniement et le fonctionnement ; et finalement, tout cela connu, il s'assurera avec soin
de sa portée, de sa capacité, de sa puissance. Immédiatement après il tracera le plan de son œuvre
et en commencera l'exécution. Les trois premiers
problèmes qu'il se posa en face de l'instrument
furent donc : « Qu'est-il ? Comment fonctionne-
t-il ? Quel est son pouvoir ? »

Dieu, la Nature, le Destin, — quel que soit le nom, — confie à l'humaniste un instrument de travail, le plus puissant, le plus compliqué, et peut-être le plus mal connu : l'intelligence. Et il lui dit : « Avec cet instrument de travail, réalise l'œuvre suprême d'améliorer l'homme ». L'humaniste, alors, observant l'intelligence humaine avant d'entreprendre le travail commencé, se dit, comme l'ouvrier : « Qu'est-elle ? Comment fonctionne-t-elle ? Quel est son pouvoir ? »

Qu'est-ce que l'intelligence ? A cette première question, c'est-à-dire à l'observation externe de l'intelligence, répond la psychologie physiologique.

Comment fonctionne-t-elle ? Seule l'observation interne, qui est la psychologie proprement dite scientifique, qu'on pourrait également appeler spéculative, sur les bases acquises de la psycho-physiologie, peut nous donner une idée des fonctions de l'intelligence, du raisonnement et de la logique, qu'on étudiait auparavant, d'une façon très illogique, en la séparant de la psychologie.

Quel est son pouvoir ? Est-il limité ou illimité, le pouvoir de l'intelligence humaine ? S'il est limité, jusqu'où parvient-il ? Où est la ligne qui divise la région du connaissable de celle de l'inconnaissable ? La science qui traite de la solution de ces problèmes a toujours eu nom la métaphysique. Sa base positive est dans l'intelligence même, car elle doit rechercher jusqu'où celle-ci

aspire à parvenir et jusqu'où elle peut parvenir.
Par conséquent, comme elle se réduit, ou doit se
réduire, à l'étude la plus élevée des facultés mentales, je l'appellerai simplement *psychologie transcendantale*.

Je fais donc de la psychologie la première base
positive des spéculations de la raison, et je divise
cette science en trois degrés : *psychologie physiologique* ou *psycho-physiologie*, qui traite du système
nerveux et de ses fonctions ; *psychologie scientifique* ou *spéculative*, qui s'occupe de l'étude de
l'intelligence par les données de l'observation interne ; et *psychologie transcendantale*, dont l'objet
est d'établir les limites du connaissable et de l'inconnaissable. Toutes trois s'enchaînent inductivement, depuis la psychologie de la cellule jusqu'au problème de l'infini ; elles sont comme
trois parties d'une pyramide immense dont la
base s'enfonce dans la fange des premières manifestations de la vie végétale et animale, et dont
le sommet se perd par delà les nuées du zénith.
Escalader cette pyramide de sa base à son faîte,
c'est le principe infaillible de toute méthodologie
des sciences morales ou sociales, appelées jadis
« humanités » (*litteræ humaniores*). Et il faut noter, en passant, que les termes « sciences morales »
et « sciences sociales » peuvent et même doivent
devenir synonymes, parce que le principal, sinon
l'unique objet de la morale, est d'organiser les

sociétés : parce que le premier effet de la sociabilité est la morale.

On a écrit, sur la psychologie empirique et la psychologie transcendantale, des myriades de pages plus ou moins claires, plus ou moins exactes. La moderne psychologie physiologique a une tendance à la mépriser comme un inutile fatras d'excentricités passées aujourd'hui à l'état d'anachronismes. Ce mépris me paraît absurde, vu que les faits de la psycho-physiologie, quoiqu'ils lui donnent de solides fondements scientifiques, ne pourront jamais remplacer les données, d'autant plus élevées et épurées, de l'observation intérieure. Ce qui est indiscutable, c'est que la science contemporaine a le devoir de simplifier les phénomènes si amplement exposés par la vieille psychologie idéaliste et la métaphysique, et qui sont d'accord dans leur partie vraie avec la moderne psychologie physiologique. Je pense en effet que tous ces phénomènes peuvent se condenser en un petit groupe précis de concepts capitaux et en un petit nombre de lois d'une réalité très évidente. Je tenterai, en suivant une méthode positive d'exposition, de concréter celles-ci dans les chapitres suivants, et même de les traduire en langage psychologique moderne.

Il y a aussi une autre série d'études qu'on peut regarder comme psychologiques : la « sociologie », ou psychologie des sociétés (que les Fran-

çais appellent « psychologie ethnique » et les
Allemands « psychologie des peuples » (*Völker-
psychologie*). Mais cette série ne rentre pas, je
crois, dans la psychologie proprement dite, et ne
doit pas former, par conséquent, une quatrième
catégorie à ajouter aux trois déjà signalées. En
effet, ψυχή, *mens*, esprit, est une chose essentiellement personnelle, individuelle. Seule l'unité
parfaite d'un organisme animal peut posséder
réellement une ψυχή. L'unité relative d'une société,
d'un peuple, ne peut pas avoir, pour parler scientifiquement, une ψυχή ; c'est par métaphore, et
plus encore par analogie, qu'on dit « l'âme de la
société », « l'esprit du peuple », que les Allemands
appellent *Volksgeist*. Il y a donc une psychologie
individuelle, parce qu'il existe un esprit individuel : mais quand on parle d'une « psychologie
sociale », il faut entendre qu'il ne s'agit pas d'une
science différente, mais d'une des phases ou applications de la psychologie *unique*. Il est donc
possible d'appliquer ainsi les trois catégories ou
degrés de la psychologie à la sociologie ou
psychologie des peuples :

1° *Sociologie physiologique* (ethnographie, an-
thropologie).

2° *Sociologie rationnelle* (laquelle s'occupe
d'étudier l'âme collective des sociétés, le *Volksgeist*, sa nature, ses caractères, ses lois).

3° *Sociologie transcendantale* (éthique, esthétique, religion, métaphysique).

Il n'est pas sans importance, pour mieux comprendre une œuvre de psychologie, de savoir si son auteur considère cette science comme « capable de s'élever jusqu'au rang d'une science naturelle exacte ». Kant affirmait l'impossibilité de conquérir ce rang, et l'un de ses disciples, Herbart démontra que les mathématiques sont applicables aux phénomènes internes, à tel point qu'il écrivit un traité, plus ou moins fantastique, de « psychométrie ». Pour Wundt, si jamais une théorie mathématique du fait interne était possible, elle ne pourrait être obtenue qu'en lui donnant pour base fondamentale et unique la psycho-physiologie.

Pour résoudre ce problème, je crois que nous devons distinguer : premièrement, s'il s'agit de l'exactitude absolue des mathématiques abstraites, ou de l'exactitude relative des sciences biologiques ; et secondement, s'il s'agit de la psycho-physiologie, de la psychologie empirique ou de la psychologie transcendantale.

Psycho-physiologie. — Avant tout, il me paraît évident qu'on ne peut amener la psycho-physiologie à la précision absolue des mathématiques abstraites, mais tout au plus à la précision relative des sciences biologiques, dont elle forme une branche.

Psychologie rationnelle (psychologie et logique). — Dans la psychologie rationnelle il faut distinguer la base physiologique et l'observation interne.

A la première appartient la précision biologique. Pour la seconde me semble autorisé l'emploi d'un réalisme empirique semblable à celui que les Allemands appellent *Idealrealismus*.

Je crois applicables, tant à la psycho-physiologie qu'à la psychologie (rationnelle), les formules mathématiques : non comme expression irréductible, mais comme voie descriptive. C'est ce qui arrive, par exemple, avec la loi Weber-Fechner, dont il est impossible de démontrer l'exactitude absolue, mais dont la valeur descriptive est évidente. Quelque chose de semblable a lieu pour les formules de sociologie que j'emploie dans ce livre.

Psychologie transcendantale (métaphysique positive). — On a toujours cru que tout doit être aprioristique dans la métaphysique. Je soutiens au contraire qu'en psychologie trancendantale il est bien plus possible de parvenir à une exactitude presque mathématique, qu'en psycho-physiologie et en psychologie rationnelle.

En effet, les mathématiques pures sont absolument exactes, parce qu'elles sont des conceptions abstraites ; et délimiter l'inconnaissable du connaissable, c'est délimiter, dans l'âme humaine, le concret de l'abstrait. Dans le concret, l'exactitude est relative; dans l'abstrait, on peut se l'imaginer absolue. D'où il ressort qu'il y a plus de probabilité de parvenir à une vérité absolue dans la métaphysique positive, qui est concrète-abstraite,

que dans la psycho-physiologie et la psychologie,
qui sont des sciences concrètes, dans lesquelles
les abstractions n'entrent, comme je l'ai dit, que
par voie descriptive.

Mais il est bon d'avertir que tout le bagage
préparatoire de l'humaniste ne doit pas se limiter à la psychologie (physiologique, rationnelle et
transcendantale). Celle-ci nous donne seulement
la connaissance de l'homme en lui-même, et il
est nécessaire de connaître aussi les hommes en
société, leurs idées et leurs sentiments historiques
à travers les évolutions des peuples et des époques. Car les idées et les sentiments du présent
sont des résultantes du passé. Cette connaissance
implique l'étude de l'éthique, du concept du bien
et du mal, à partir de ses sources, et, avant tout,
dans ses sources historiques. Celles-ci peuvent
être divisées en deux catégories : laïques et religieuses. La Grèce a été le berceau de notre civilisation, et l'éthique hellénique (Platon et Aristote)
forme les bases laïques de nos concepts moraux
et juridiques ; les concepts religieux se trouvent
dans les saintes Écritures et les grands théologiens
du moyen âge : ceux-là en grec, ceux-ci en latin.
Et de même que la connaissance de la psychologie n'est possible qu'en la faisant partir de la biologie, la connaissance de nos idées morales, avec
leur véritable caractère originel, leur terminologie
primitive et leur dialectique, presque intraduisi-
bles dans les idiomes modernes, ne peut que se

fonder sur l'étude des deux langues classiques anciennes, et, en général, sur celle de la philologie. On pourrait donc se représenter les humanités comme un arc de triomphe lumineux soutenu par deux colonnes : la biologie et la philologie. Et il est curieux d'observer que les données de l'une et l'autre science peuvent se pénétrer jusqu'à se remplacer. C'est que l'évolution philogénétique de l'homme est très semblable à l'évolution historique des peuples.

Après avoir commencé par la philologie et la biologie, on arrive à la psychologie, et de là on passe aux sciences sociales et morales. On peut considérer ces sciences comme des applications *a posteriori* de la psychologie. L'éthique, par exemple, est constituée par une série de conséquences pratiques de la psychologie ; l'économie politique, elle aussi, en arriverait vite à être un pur auxiliaire de l'éthique, attendu que les questions économiques sont de simples faces des questions morales : et pour cette raison je la qualifierais de *statistique de la morale*.

Je pense que tous les volumes publiés en ces derniers temps sur la *méthodologie des humanités*, peuvent se réduire à cette simple nomenclature de principes dirigeants et de sciences :

1º On doit aller du simple au composé.

2º On doit commencer par étudier : *a)* l'homme en soi : *b)* les hommes comme sociétés ou peuples.

3° Avant d'aborder ces études, il faut connaître deux branches préparatoires : les sciences physico-naturelles et la philologie, dans le sens classique d'humanités. De ces deux branches, les sciences servent singulièrement pour l'étude de l'homme comme individu, et le classicisme pour celle des hommes comme sociétés ou peuples. Mais le classicisme et les sciences se complètent, et, quoique cela paraisse étrange, peuvent se remplacer réciproquement.

4° Sur la base de ces études préparatoires, celle de l'homme (de l'esprit humain individuel) doit se faire dans cet ordre : *a)* psychologie physiologique ; *b)* psychologie empirique ; *c)* psychologie transcendantale.

5° Celle des hommes ou peuples : géographie et histoire, éthique et esthétique, politique et économie politique, sociologie, droit, éducation.

On pourrait représenter ces idées méthodologiques dans le schéma de la page suivante (fig. 1). Cependant je dois noter que, indépendamment des relations indirectes des sciences préliminaires (biologie, philologie) avec les sciences morales ou sociales (histoire, etc.) établies par le moyen de la psychologie, il y a aussi des relations directes entre celles-ci et celles-là, comme, par exemple, entre la philologie et l'histoire, ou la biologie et la sociologie anthropologique ; car toutes les connaissances humaines s'enchaînent au point de vue du phénomène.

Les relations directes de la philologie (spécialement la grecque) avec la psychologie, qui, à première vue, ne paraissent pas très évidentes, pourraient se formuler ainsi : la terminologie, la dialectique et les doctrines des grands philosophes anciens constituent une excellente information

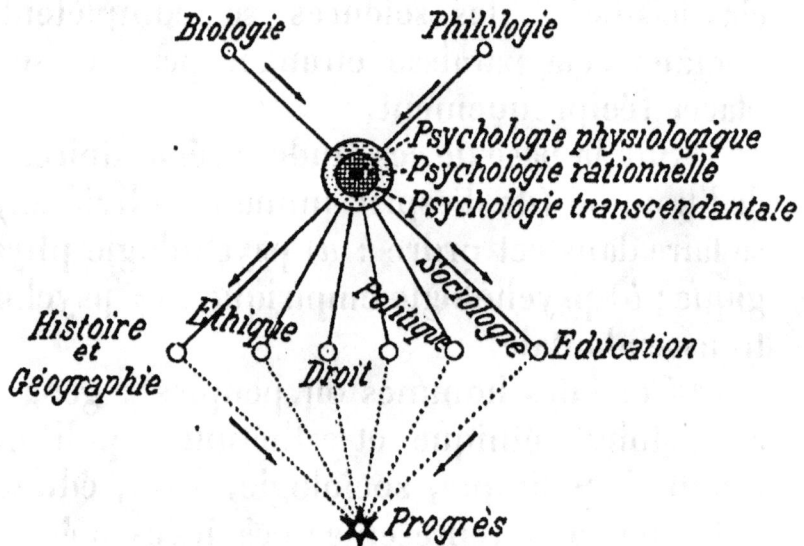

Fig. 1.

pour la philosophie scientifique, et peut-être la meilleure pour la philosophie transcendantale. La philosophie du langage est la philosophie de l'homme. Aux derniers temps du moyen âge, lorsque les sciences physico-naturelles étaient encore dans l'enfance, le système d'instruction qui divisait l'enseignement en trois cycles successifs : la linguistique, la philosophie et les études professionnelles, était donc très avancé et presque prophétique. Les Anglais l'ont conservé dans l'éducation de leurs classes dirigeantes.

Il faut observer que, outre leur mérite instructif, les deux branches indiquées d'études préparatoires (biologie et philologie) ont une haute valeur éducative ; car seules elles peuvent discipliner l'esprit à l'habitude de la précision et de la prudence. Les sciences morales ou sociales sont passablement plus ambiguës et imaginatives ; sans ces bases positives que rien ne remplace, elles pourraient conduire leurs néophytes, qui alors ne seraient plus que des dilettantes, à la divagation et au tartarinisme.

« Il n'est pas possible de connaître la nature de l'homme sans connaître toute la nature ». C'est là le principe antique que moi, moderne, je transpose ainsi : « Il n'est pas possible de bien connaître quelque chose de la nature, sans connaître l'homme ». Le premier aphorisme baserait toute la philosophie sur une étude objective de la nature ; le second, sur une étude subjective de l'homme, soit sur la psychologie. Car c'est l'homme qui a créé *pour lui-même* toutes les idées qui existent autour de lui, et c'est l'homme qui est ce qu'il y a de plus stable dans l'évolution de l'Histoire. Étudier la Vérité, la Bonté, la Beauté, l'État, par leurs manifestations à travers les peuples et les âges, c'est un moyen facile, mais incomplet ; un moyen plus difficile, mais plus scientifique, c'est d'étudier tout cela en l'homme même, parce que les manifestations changent, tandis que le sentiment humain qui les dirige ne change pas. Ainsi la Beauté, qui au temps d'Homère était clarté et animalité, au temps de Dante fut sensibilité et théologie. N'étudions donc pas la Beauté dans l'*Odyssée* ni dans la *Divine Comédie*, mais dans la psychologie d'Homère et de Dante. Aujourd'hui les auteurs étudient la Beauté comme harmonie et le Progrès comme richesse. Mais le Progrès ne peut-il être demain pauvreté, et la Beauté désharmonie ? Alors, pour connaître le Progrès et la Beauté, nous devons les étudier moins dans leurs manifestations sociales que dans leur genèse psychologique. Etudions, plus que les productions, les sentiments producteurs ; avant les manifestations de l'homme, qui changent de jour en jour, l'homme, qui est ce qui change le moins. Et seulement ainsi nous saurons pourquoi et comment se produisent tous les phénomènes de la vie des hommes et des peuples.

Mais on pourrait me dire qu'il y a ici une tautologie : comment parvenir à connaître l'homme, sinon par ses œuvres ? La biologie, d'une part, et la philologie, de l'autre, qui ne sont pas l'œuvre des hommes, mais de la nature même, sont ce qui nous donne des éléments pour connaître l'homme ; et une fois l'homme connu, il nous suffit par lui-même pour connaître ses œuvres qui, étudiées en elles-mêmes, nous conduisent à des conclu-

sions aussi erronées que celle en vertu de laquelle
la Beauté sera éternellement harmonie, et le Progrès éternellement richesse. A travers toutes les
évolutions il y a un fond d'identité humaine ;
c'est la psychologie qui met ce fond en évidence,
et la psychologie peut nous donner la clef du
passé, du présent et de l'avenir.

Une fois établie cette méthodologie définitive
pour l'étude des humanités, il est bien évident
que celles-ci constituent les spéculations les plus
utiles et les plus élevées de l'esprit humain. Toutes
les autres sciences et tous les autres arts en sont
ou les bases ou les accessoires. L'humaniste, ayant
pour fonction d'indiquer leurs voies aux sociétés,
est le plus transcendant des citoyens. Son action
est double : directe au moral (politique, arts), et
indirecte au matériel (sciences, richesse). Aussi
les établissements où l'on enseigne les humanités
sont-ils les plus importants ; comme l'a déclaré
un physiologiste, feu Dubois-Reymond, recteur
de l'Université de Berlin, la section des humanités doit être la base d'une Université. Malheureusement, rien n'est plus rare qu'un véritable
humaniste, qui a besoin, d'autre part, pour se développer, d'un milieu ambiant propice ; et, malheureusement aussi, il n'existe dans le monde qu'un
très petit nombre d'établissements pour l'enseignement des humanités qui soient bien organisés,
— à peine quelques Facultés en France, en Allemagne et en Angleterre. En Italie, en Russie et dans

l'Amérique du Nord on fait, pour les favoriser, des efforts qui ne resteront peut-être pas infructueux. Tous les autres établissements de ce genre que je connais sont des parodies plus ou moins sérieuses atteignant parfois un but tout opposé, où élèves et professeurs n'emploient pas leur temps aussi bien qu'ils pourraient, ou même le perdent déplorablement.

On déprécie fréquemment les sciences morales, parce qu'elles ne sont pas arrivées à des principes ou à des doctrines unanimes. On oublie que, quoique toute théorie morale soit hypothétique, il est indiscutable qu'une semblable hypothèse influe d'une manière transcendantale sur l'ordre idéal et l'ordre matériel. On connaît l'influence du *Contrat social* sur la Révolution française, de l'éthique de Kant et de la poésie de Gœthe sur les sentiments et les mœurs des Allemands. Mais, à part cela, il est évident que, en philosophie, nous nous rapprochons de plus en plus chaque jour de l'accord total ardemment désiré des faits et des idées, sinon des mots.

CHAPITRE II

La sensibilité, la faculté de sentir le plaisir ou la douleur selon que les circonstances sont favorables ou non favorables à la vie, premier phénomène de la vie animale.

Le premier phénomène de la vie animale, la première révélation de la vie du protozoaire et du nouveau-né, c'est la traduction subjective de l'influence du milieu ambiant en impressions sensitives ; c'est la sensation, toujours susceptible de s'accuser en douleurs et en plaisirs plus ou moins conscients ; c'est, en derniers termes, la capacité que possède toute unité organique parfaite de sentir, selon les circonstances, plus ou moins consciemment, le plaisir ou la douleur ; c'est le sens général du sentiment ; en un mot, c'est la *sensibilité*.

Tout être animé distingue la douleur du plaisir ; mais, jusqu'à présent, personne n'a donné ni de celle-là ni de celui-ci une définition exacte. C'est que, comme pour la majorité des phénomènes psychiques, il est aussi difficile qu'inutile de les définir. Leur explication la plus synthétique est que la première produit une impression contre laquelle lutte spontanément l'organisme, et qui, s'il ne survient pas de réaction, provoque des états anormaux et pathologiques, l'affaiblissement, les contagions et la mort ; le second provient de l'exercice sain des activités vitales. La première occasionne, si on ne la domine pas à temps, un anéantissement partiel ou total de la vie ; le second, si on ne le laisse pas atteindre artificiellement les limites extrêmes, comme dans l'usage du haschich, la santé et la vie. L'existence de plaisirs pathologiques, comme l'illusion des phtisiques et l'euphorie des moribonds, constitue des anomalies qui, par exception, peuvent être laissées de côté quand on établit des principes généraux. C'est une anomalie aussi, en dépit de sa fréquence, que le *plaisir de la douleur*, et, quoiqu'elle soit un peu plus rare, que la *douleur du plaisir*.

Douleur et plaisir sont physiques et psychiques, bien qu'ils ne se différencient pas essentiellement dans leur nature et dans leurs effets, selon qu'ils appartiennent à l'une ou à l'autre catégorie ; car toute douleur ou tout plaisir physique possède sa corrélation psychique, et réciproquement.

On pourrait m'objecter que, dans l'évolution des espèces, le premier phénomène par lequel se manifeste la vie du protozoaire est l'acte réflexe mécanique qui se traduit en motricité ; et que, dans l'évolution de l'individu, au moins comme l'anatomie l'a confirmé chez les mammifères supé-

rieurs, les nerfs moteurs sont ceux qui se myéli-
nisent les premiers dans le cerveau du fœtus. Les
deux objections se combattent dans la théorie
que j'expose. Des mouvements en apparence automatiques de l'amibe je conclus scientifiquement
à son nexus psychique, qui ne peut être autre
que des sensations de douleur commençante
contre lesquelles il y a réaction, ou de plaisir
commençant dans la réaction vitale même. Quant
à la vie individuelle, il est vrai que la motricité
paraît antérieure à la sensibilité, ainsi que le confirme l'anatomie cérébrale du fœtus. Mais on ne
doit pas oublier que l'hérédité est ce qui détermine dans le cerveau des vertébrés supérieurs la
myélinisation préalable, dans la vie intra-utérine,
des centres moteurs. Les primitives sensations
psychiques de douleur et de plaisir qui engen-
drèrent chez le rejeton les premiers mouvements,
ont disparu ou ont passé à l'état de douleurs et de
plaisirs latents, inconscients ou subconscients.
On pourrait donc formuler ainsi le principe : la
première réaction de la vie contre la douleur et en
faveur du plaisir se manifeste par le mouvement
réflexe ; et comme le mouvement réflexe engendre
la motricité, la motricité est la première manifestation de la vie. Les localisations motrices sont
donc sensorio-motrices, la transformation senso-
rio-motrice étant la première loi, la loi générale du
fonctionnement nerveux. En un mot, par l'hérédité, les phénomènes primitifs psycho-sensoriels

et psycho-moteurs sont aujourd'hui simplement
moteurs ou sensorio-moteurs.

Pour Wundt, et en général pour les physiologistes allemands modernes, la sensation se compose de trois éléments : intensité, qualité et impression. La première se rapporte à son plus ou
moins de violence ; la deuxième, au sens dans
lequel elle s'accuse (tactile, olfactif, auditif,
visuel) ; et la troisième au ton du sentiment
(*Gefühlston*) ou au sentiment sensoriel (émotion
sensorielle, *sinnliches Gefühl*. « Les oppositions
ou contraires, entre lesquels oscille l'émotion
sensorielle, portent le nom de *sentiments de plaisir*
et de *sentiments de déplaisir*. Le plaisir et le déplaisir sont des états qui passent de l'un à l'autre,
en traversant un point d'indifférence[1] ». L'impression, le ton du sentiment, du plaisir ou de
la douleur, dépendent de l'intensité et de la qualité de la sensation. Or, dans l'évolution des
espèces, les organes pour mesurer l'intensité, et
spécialement la qualité des sensations, ont apparu
très postérieurement au ton du sentiment. Les
animaux les plus infimes réagissent contre les
sensations qu'ils reçoivent du dehors ; mais ils
ne sont pas capables, évidemment, de distinguer
leur intensité et leur qualité, ce qui n'est possible

1. W. Wundt, *Éléments de psychologie physiologique*,
trad. Elie Rouvier, 1886, t. I, p. 525 ; Paris, Félix Alcan.

qu'avec un système nerveux déjà plus compliqué.
De cette manière, le troisième élément de la sensation, d'après Wundt, est en réalité le premier,
et réciproquement; chaque nuance psychique a
ainsi sa corrélation physique.

Les physiologistes modernes ont prétendu,
jusqu'ici sans succès, révéler tout le mécanisme
de la douleur physique; ils sont parvenus seulement à démontrer qu'elle est une sensation plus
intense et moins durable que le plaisir, et que,
d'autre part, le plein développement des activités
vitales est la cause efficiente du plaisir[1]. Les doctes

1. Quelques philosophes, comme Goldscheider (*Ueber den
Schmerz*; Berlin, 1894), Sachs et Frey (*Beiträge zur Physiologie des Schmerzsinns*; Leipzig, 1894), sont arrivés à supposer
qu'il existe des nerfs dolorifères et des centres dolorifères différents
des sensoriaux et en moindre quantité. Aujourd'hui cette hypothèse n'est admissible qu'avec de nombreuses restrictions. Brown-
Séquard admet certaines voies dolorifères distinctes, mais seulement à travers la substance grise. Selon Wundt, il existerait pour
les impressions du tact et de la température une voie primaire par
la substance blanche, quand les excitations sont modérées, et une
voie secondaire par la substance grise, qui servirait de dérivatif
quand les excitations seraient violentes. Pour M. Th. Ribot,
« l'hypothèse de voies séparées, quelles qu'elles soient, a l'avan-
tage de s'accorder avec un fait bien connu : c'est que la transmission de la douleur retarde sur la transmission sensorielle »
(*La psychologie des sentiments*, p. 27; Paris, F. Alcan, 1896).
Comme on le voit par ces opinions autorisées, et par une infinité
d'autres que l'on pourrait citer, la physiologie n'est pas encore
parvenue à établir, au sujet des douleurs externes, quels nerfs
transmettent la douleur de la périphérie à la moelle, et de là aux
centres communs, et sous quelle forme ils la transmettent. Au
sujet des douleurs internes, le doute est plus grand. En ce qui

psychologues scolastiques ignorèrent toujours cette équivalence ; le vulgaire, l'illettré, point. Car le peuple a laissé dans quelques idiomes mo-

concerne les douleurs psychiques proprement dites, l'obscurité est presque complète, car on ne connaît pas exactement ni même du tout leur localisation relative, que Sergi (*Piacere e Dolore*; Milan, 1894) place dans le bulbe, en désignant comme prédécesseurs de sa doctrine Todd, Hack, Tucke, Loycock, Spencer, Brown-Séquard et autres.

Quant aux définitions de la douleur physique, nous trouvons dans la physiologie contemporaine les mêmes confusions, ou, pour mieux dire, les mêmes choses vagues. Pour Wundt, « c'est une excitation, la plus violente, de certaines parties sensorielles, excitation qui produit simultanément les excitations plus étendues d'autres parties ». Pour Richet, « la douleur est une vibration forte et prolongée de centres nerveux conscients, qui résulte d'une excitation périphérique forte, et, par conséquent, d'un brusque changement dans les centres nerveux ».

Les données que fournit la physiologie à la psychologie spéculative, au sujet de la douleur et du plaisir, sont donc quelques concepts généraux qui pourraient se réduire à l'anormalité et à la violence relative du premier, qui interrompt ainsi les activités vitales, et à l'assimilation du second auxdites activités. C'est précisément là à mes yeux la doctrine de l'*instinctisme*, que je développe.

Les physiologistes ont préféré étudier la douleur comme *quantité positive* ; les psychologues le plaisir, qu'ils définissent tantôt comme l'accroissement de l'une des fonctions vitales ou la raison de celles-ci (Bain), tantôt comme l'augmentation des forces qui constituent le « *moi* » (Léon Dumont), tantôt comme un retour de l'organisme pour s'équilibrer avec son ambiant (Delbœuf), tantôt comme une activité modérée ou des actions qui contribuent au bien-être de l'organisme (Spencer), tantôt enfin comme une activité de l'âme à s'exercer librement dans le sens des voies de la nature ou du triomphe des obstacles qu'on lui oppose (Bouillier), etc. Toutes ces définitions renferment donc cet élément : le développement des activités vitales.

dernes des cristallisations qui, de même que la physiologie, ont pu servir de données aux psychologues modernes. Ainsi, par exemple, les Allemands, qui ont formé une langue éminemment philosophique, appellent depuis des temps très reculés, depuis les *Eddas*, *Lust* l'entrain et même la puissance de travailler, d'exercer les activités vitales, et aussi le plaisir *(Freude)* ; et *Unlust* la négation du *Lust*, le manque d'animation et de capacité, et aussi la douleur *(Leid, Schmerz)*. En réalité, il n'y a que la confirmation de ce phénomène qui soit scientifique dans les lois de Grote. Les Anglais appellent orgueilleusement leur pays *the merry England* ; et bien que la traduction littérale de *merry* soit « joyeux », il me paraît indiscutable que, ainsi employé, cet adjectif évoque dans l'imagination du peuple des idées d'activité et de puissance. En français on dit *le plaisir* et *la douleur*, le genre masculin indiquant la force, l'initiative, l'activité ; la faiblesse est du genre féminin. En français, en allemand, en anglais, en espagnol, dans toutes les langues modernes et anciennes, on peut placer un préfixe négatif seulement devant le mot plaisir ou ses équivalents : *plaisir, déplaisir ; Lust, Unlust ; agreeable, disagreeable ; contento, descontento.*

On a essayé de soumettre les phénomènes de la douleur et du plaisir à des lois physio-psychologiques. Parmi ces tentatives, les lois de Grote

ont acquis une grande popularité. Elles recon-
naissent quatre états : 1° *plaisir positif*, quand
l'excès d'activité est précédé d'un excès latent de
force ; 2° *douleur positive*, quand l'excès d'activité
est précédé d'un manque relatif de force latente ;
3° *douleur négative*, quand le manque d'activité
est précédé d'un excès latent de force ; et 4° *plaisir
négatif*, quand le manque (l'arrêt) d'activité se
produit au moment où il y a manque de force.

Cette distinction entre plaisirs et douleurs
« positifs » et « négatifs » ne me paraît ni claire
ni exacte. Non seulement le vulgaire, mais même
le psychologue plongé dans les lois de Grote, aura
de la peine à distinguer en chaque cas s'il s'agit
de plaisirs positifs ou négatifs, de douleurs néga-
tives ou positives. Ce que nous distinguons tous,
c'est la douleur du plaisir, et si nous tentons
quelque classification, ce sera pour les diviser en
douleurs physiques, psychiques, intenses, aiguës,
légères. Et de ces distinctions, la première est
difficile, par suite de l'enchaînement intime du
physique et du psychique, qui font de chaque
phénomène vital un phénomène psycho-physique.
La plus nette est la seconde : personne n'est inca-
pable de distinguer si un plaisir ou une douleur
qu'il éprouve est aigu ou intense. C'est là, en
dépit de son caractère vague, en apparence anti-
scientifique, l'unique différenciation générique
positive entre les douleurs et les plaisirs.

Cela étant, on a démontré (et c'est le véritable

mérite, à mon avis, de la loi de Grote) que la douleur et le plaisir dépendent de l'exercice de nos activités vitales. Les activités vitales pourraient se classifier en deux groupes : 1° *fonctions conscientes-volontaires*, tendant à satisfaire l'appétition (nécessité du mouvement, du repos, de la soif, de la faim, de l'amour, du travail mental) ; et 2° *fonctions subconscientes-subvolontaires* de l'organisme (digestion, respiration, circulation). Ne serait-il pas possible de concréter en quelques lois les sensations de la douleur et du plaisir, en les rapportant à cette classification des activités vitales ? Ainsi j'arriverais aux cinq lois suivantes :

1° Les fonctions conscientes et volontaires qui satisfont l'appétition, produisent des plaisirs intenses ou aigus.

2° Les fonctions subconscientes et involontaires de la digestion, circulation et respiration, produisent un plaisir léger qui s'appelle bien-être, *la joie de vivre*.

3° La non-satisfaction des appétitions dans le laps de la période préparatoire qu'exige l'organisme, implique parfois une douleur légère qui n'est autre chose qu'un aiguisement des appétits.

4° La non-satisfaction des appétitions qui se prolonge un laps de temps plus grand que la période préparatoire exigée par l'organisme, implique une douleur intense ou aiguë.

5° L'empêchement ou la surexcitation anormale des fonctions subconscientes et involontaires (digestion, respiration, circulation) amène des douleurs intenses et aiguës (états pathologiques).

C'est à ces lois simples que peuvent se réduire tous les phénomènes du plaisir et de la douleur, lois qu'un lecteur inattentif pourrait traiter de banalités. C'est que la psychologie n'a pas d'autre objet que de préciser ce que nous sentons tous, et ce que nous sentons tous sera toujours des banalités. Quiconque sait s'observer est un psychologue. La question est que peu, bien peu, savent s'observer, sans qu'un autre leur ait dit auparavant ce qu'ils ont en eux. Alors la lumière se fait, et tout paraît aussi simple que l'œuf de Colomb.

Appliquer des noms vagues ou pompeux aux phénomènes psychologiques, c'est les masquer, les dénaturer, essayer de réduire leur mécanisme à des formules mathématiques. Dans leur essence ils peuvent être soumis, comme je tâche de le faire, à certains principes fondamentaux ; mais leurs formes sont variées et en apparence empiriques, car il nous est impossible de découvrir en chaque cas leurs antécédents infinis. Si l'on voulait faire de la psychologie une science de précision mathématique, nous trouverions qu'il n'y a pas *une* psychologie, mais *des* psychologies, parce que chaque sujet présente en chaque instant des formes très individuelles des phénomènes généraux. Il y aurait infiniment plus de raison dans cet aphorisme que dans celui-ci, si familier aux médecins modernes : à savoir qu' « il n'y a pas de maladies, mais des malades ».

Des cinq lois formulées découle un corollaire important : *les sensations aiguës de douleur ou de plaisir sont transitoires.* Les premières, parce qu'elles proviennent de causes extérieures et passent quand disparaissent les causes (un coup), ou parce qu'elles provoquent des états pathologiques qui guérissent ou s'aggravent (une intoxication). Quand ils ne guérissent ni ne s'aggravent, c'est parce qu'ils ont passé à un état latent (la chronicité), dans lequel la douleur prend les formes les plus variées, intermittentes ou continuellement fluctuantes. Les secondes, les sensations aiguës de plaisir, sont occasionnelles et périodiques, vu qu'elles proviennent de la satisfaction des nécessités occasionnelles et périodiques de l'appétition. Seul le léger bien-être provenant des fonctions inconscientes et involontaires (végétatives) de l'organisme, *la joie de vivre,* dans d'invariables conditions de santé demeure stable. En des cas comptés, certaines satisfactions de la vanité humaine peuvent aussi paraître stables en une espèce de chronicité latente. Mais cette anomalie ne détruit pas les lois ci-dessus indiquées et leur corollaire, de même que certains phénomènes d'hystérie et de fakirisme ne doivent pas arrêter le psychologue qui étudie les principes généraux, car ce sont des exceptions.

CHAPITRE III

La première loi de la vie, l'instinct.

Dans l'évolution des espèces et dans le développement de l'individu, de même que la faculté de sentir la douleur et le plaisir est antérieure à celle du mouvement coordonné, l'*instinct* est antérieur à la conscience et à la volonté. Avec plus ou moins de restrictions et de différences, tous nous appelons instinct une force vitale psycho-physique, la force vitale par excellence, force inconsciente, subconsciente, préconsciente et même hyperconsciente, si l'on veut, dont l'objet est d'éviter la douleur et de produire le plaisir. Pourquoi? Le *modus operandi* de l'instinct est la diminution ou l'anéantissement de la douleur et la saine évolution du plaisir; son objet est la conservation de l'individu et la propagation des espèces. Cet objet émane de la nature du plaisir et de la douleur, puisque celui-là accroît et celle-ci diminue l'énergie vitale.

Alors, *la première loi de la vie est l'instinct,* loi qu'on pourrait formuler ainsi : *il existe une force psycho-physique, l'instinct,* qui, traversant toutes

les graduations de la conscience, depuis l'inconscience jusqu'à la conscience, *a pour objet immédiat de diminuer ou d'éviter la douleur et de produire ou d'augmenter le plaisir, et pour fin ultime
de conserver la vie de l'individu et de l'espèce.*

L'instinct est une force qui ne prend pas un
moment de repos au-dedans de nous-mêmes. Il est
l'ange gardien des légendes médiévales. On pourrait se demander, au sujet de cette continuité de
son action, s'il est vrai qu'il agit à l'instiga-
tion de la douleur, et s'il est vrai que la douleur
n'est pas continue, mais occasionnelle, comment
l'action de l'instinct peut être continue. C'est
que la douleur intense, aiguë, consciente, est
en effet occasionnelle ; mais la douleur légère,
les excitations de l'appétition sont si nombreuses
que, à leur tour, elles ne laissent point de repos.
D'autre part, les dangers du monde extérieur,
quoique occasionnels, sont réitérés. En outre, si
comme tout cela ne suffisait pas, tout plaisir aigu,
s'il se prolonge à l'excès, entraîne une douleur.
Et, d'autre part, « il n'y a pas d'émotions pures :
plaisir et douleur s'entremêlent dans toute notre
vie psychique[1] ». La douleur est donc l'aiguillon
infatigable de l'instinct, tantôt comme réalité,
tantôt comme symptôme ou menace. On pourrait
appeler la menace : douleurs subconscientes.

---

1. Lehmann, *Die Hauptgesetze des menschlichen Gefühls-
lebens* ; Leipzig, 1892.

D'une façon générale, les états neutres ou indifférents ne me paraissent pas admissibles. Ou l'organisme fonctionne bien, et alors on sent un vague bien-être qui est un plaisir ; ou il fonctionne mal, et en ce cas la douleur s'ensuit. Que des doses équivalentes de douleur et de plaisir s'annulent, cela n'est pas exact ; elles coexistent. Et si le point de transition d'une douleur à un plaisir est un état neutre ou non, cela me paraît une question oiseuse dont rien ne démontrerait la solution.

Dans les actes appelés instinctifs on trouve isolés, alternatifs ou amalgamés, cinq éléments : l'acte réflexe, l'habitude héréditaire, l'habitude individuelle, l'appétition et l'adaptation au milieu.

L'acte réflexe est la forme la plus physiologique, la plus simple et la plus matérielle du *modus operandi* de l'instinct, puisqu'il se réduit à un mouvement inconscient involontaire instantané, dont l'objet est d'éviter une incommodité ou une douleur. Ainsi, par exemple, une piqûre légère de l'épiderme, à laquelle nous mettons fin par une secousse.

Les habitudes de race s'héritent, et cela explique des actes instinctifs plus compliqués ; tel celui du jeune écureuil qui, sans avoir encore vu un hiver, fait sa provision de glands pour cette saison. C'est qu'il a hérité cette faculté active d'entasser en automne, et si, sans prévoir la disette de l'hiver, il entasse des aliments, c'est parce qu'il exerce ainsi certaines activités héréditaires, chose qui produit chez lui un plaisir immédiat, comme le fait l'exercice de toute activité vitale.

Un animal, surtout les vertébrés supérieurs, n'est pas toujours apte, à sa naissance, à réaliser des mouvements réflexes défensifs ; c'est en s'exerçant depuis son enfance à se défendre, qu'il acquiert cette aptitude. Le Dr Robin, après avoir ranimé par l'électricité la moelle épinière d'un homme décapité, piqua avec le scalpel le sein droit du supplicié ; aussitôt le bras droit de celui-ci se leva, et sa main se dirigea vers l'endroit blessé. C'est là un mouvement compliqué qu'un enfant n'aurait pas réalisé sans l'avoir appris par l'exercice ; il se serait simplement secoué dans un spasme de douleur. « L'habitude acquise de ce mouvement et son application à une fin déterminée s'était communiquée à la moelle épinière du supplicié, en y éveillant comme un acte réflexe natif ». C'est pourquoi l'on dit que « l'habitude est une seconde nature » ; et il arrive qu'elle s'amalgame si bien avec la première, qu'elle peut se transmettre à la postérité.

Les appétitions (nécessité de mouvement ou de repos, soif, faim, passion sexuelle) sont des sensations douloureuses que l'instinct, obéissant à sa loi vitale, tente toujours de satisfaire.

Plus compliqués sont les actes instinctifs d'adaptation au milieu. Chez les vertébrés supérieurs, surtout chez les primates, ce sont presque tou-

jours ou toujours des actes conscients-volontaires.
Il n'en est pas ainsi chez les vertébrés inférieurs.
Parmi les mammifères, le castor, adaptant ses
constructions aquatiques à la nature des lacs, des
ruisseaux ou des rivières, est un exemple curieux
de la puissance déployée par son instinct dans
certains cas.

Comme on le voit, du plus simple nous sommes
arrivés au composé. Cette graduation logique des
actes instinctifs a fait que les évolutionistes matérialistes spencériens leur attribuent une origine
purement mécanique. Contrairement à cette hypothèse, je sympathise, pour des raisons que
j'exposerai dans le chapitre suivant, avec l'hypothèse idéaliste, qui suppose à l'instinct (ou à l'idée,
à la pensée, au raisonnement) une *force psychique
idéale* et de substance inconnue, et peut-être inconnaissable.

De la loi de l'instinct, qui est la loi de la vie
totale, physique et psychique, découlent toutes
les autres lois physiologiques, comme celle de la
sélection, et psychologiques, comme celles que
je conçois et que j'exposerai sous le titre des *trois
lois de la vie*, et la *loi du progrès humain*. Toutes
ces lois physiologiques et psychologiques (de
même que d'autres partielles, comme les lois de
Grote, de Weber et de Fechner) sont à mon avis
la loi de la vie ou de l'instinct qui est le contenant, dont elles ne sont que le contenu.

L'intellectualisme de Herbart fait découler tous les phénomènes psychiques des idées-représentations (*Vorstellungen*), dans lesquelles il voit des « efforts que fait l'âme pour se conserver ». La doctrine que je développe considère aussi comme but de tous les phénomènes psychiques la conservation de l'individu et de l'espèce ; mais elle croit que cette conservation se réalise non seulement par des spéculation conscientes de l'intelligence (représentations), mais plus particulièrement par cette force subconsciente qu'on nomme *instinct*, dont l'intelligence n'est que la forme consciente, résultante et supérieure. Pour cette raison, cette doctrine peut, en opposition à l'intellectualisme, être qualifiée d'INSTINCTISME.

Les principes de l'INSTINCTISME seraient les suivants :

Il existe une force psychique x, essentielle à la vie, dont l'objet est de conserver celle-ci, en évitant la douleur et en produisant le plaisir.

Cette force psychique x se présente, sous sa forme la plus simple, comme un automatisme nerveux, acte réflexe qu'on a appelé instinct.

Mais le fait que l'aspect psychique de cet acte réflexe n'est pas évident, ce qui lui donne une apparence exclusivement mécanique, ne démontre pas qu'il manque du nexus psychique.

Au contraire, comme tout mouvement nerveux possède un nexus psychique, il est à présumer,

— et c'est là un postulat scientifique, — que ce mouvement nerveux possède, lui aussi, son nexus psychique, lequel n'est pas appréciable à la conscience normale.

Discuter si la *cause génératrice* des actes instinctifs est la force psychique x que j'appelle instinct ou simplement les réactions chimiques du système nerveux, ce serait quitter le champ de la psycho-physiologie pour entrer, comme on le verra au chapitre suivant, dans celui des hypothèses métaphysiques. Tout ce qu'on peut et qu'on doit faire, c'est confirmer l'existence de ce nexus jusque dans les plus simples phénomènes nerveux automatiques (qui ne soient pas végétatifs), tels que les simples actes réflexes et les activités des protozoaires.

Je soutiens que cette force x que j'appelle instinct est, au point de vue psychique, la directrice unique de toutes les activités animales.

Par conséquent, l'intelligence est la forme la plus élevée, la plus consciente de l'instinct. L'instinct est la forme la plus rudimentaire, la plus subconsciente de l'intelligence. Il y a donc une parfaite unité psychique.

L'intelligence n'est donc pas aussi libre qu'elle pourrait subjectivement le croire, parce qu'elle est dirigée objectivement par l'inexorable *loi de l'instinct*, ou, si l'on veut, du plaisir et de la douleur.

Le plaisir, la douleur et l'instinct sont un même phénomène vital ; le plaisir et la douleur en sont la formule physiologique, et l'instinct en est la formule psychologique.

Maintenant, on pourrait me demander pourquoi j'appelle instinct, et non intelligence, cette force x qui les contient tous deux. Je réponds que c'est pour trois raisons : 1° dans l'évolution philogénétique, cette force x se révèle d'abord sous forme d'instinct, et non d'intelligence ; 2° elle révèle mieux son but sous forme d'instinct que sous forme d'intelligence ; 3° dans l'échelle animale, cette force x se manifeste presque toujours sous forme d'instinct, et ce n'est que chez les vertébrés supérieurs qu'elle se manifeste sous forme d'intelligence.

D'autre part, le mot « instinct » présente un inconvénient. Les physiologistes appellent « actes instinctifs » des phénomènes nerveux qu'ils supposent purement mécaniques, parce qu'ils le sont en apparence. C'est dire que l'action de l'instinct se réduit aux phénomènes les plus simples, et que sa nature psychique se déforme. Mais une longue tradition scolastique, et surtout l'acception vulgaire du terme, plaident en faveur de ma thèse : à savoir qu'il est plus scientifique d'appeler cette force psychique x instinct, qu'intelligence, conscience, volonté, etc.

En résumé, les observations principales que présente la doctrine de l'INSTINCTISME sont les suivantes :

Pour la physiologie, l'existence du nexus psychique dans les phénomènes nerveux en apparence automatiques.

Pour la psychologie, l'unité psychique, une extension et une importance plus grandes de la subconscience, et le déterminisme de la conscience-volonté.

Ces postulats ne sont pas des innovations ; au contraire, ils découlent de l'état actuel de la science. Mais un fait certain, c'est qu'ils n'ont pas reçu une sanction systématique. On trouve bien à l'état fragmentaire, chez quelques physiologistes éminents, des observations très exactes sur la théorie de l'instinct ; beaucoup de psychiatres ont accumulé des faits lumineux sur la subconscience, faits qui tendent à établir un système. Mais ce système total de psychologie n'a pas été établi jusqu'ici, je crois, ou du moins il n'a pas été exposé sous une forme complète et précise. Arriver à cette forme, ce serait un titre éternel d'honneur pour la doctrine instinctiste.

Je pense que cette doctrine de l'INSTINCTISME, qui n'est en aucune manière éclectique, concilie les faits vérifiés par la métaphysique intellectualiste (Kant, Herbart, Fichte, Schelling), la métaphysique volontariste (Schopenhauer), et la biologie (Darwin, Haeckel, Wundt).

La métaphysique intellectualiste enseigne qu'une intelligence universelle régit l'univers. La métaphysique volontariste, qu'il est régi par une impulsion aveugle, nommée volonté. La biologie, qu'il se compose de deux parties différentes : ce qui ne vit pas, et ce qui vit. Ce qui ne vit pas est régi par des forces purement mécaniques, et ce qui vit par une force psychologique inconnue : la vie. Eh bien ! puisqu'à ce qui ne vit pas sont seules applicables les sciences physico-naturelles, il faut appliquer la métaphysique à ce qui vit, et particulièrement à ce qui démontre le mieux son psychisme : les animaux, l'homme. Suivant les intellectualistes, la vie serait régie par une intelligence universelle ; suivant les volontaristes, par une impulsion aveugle, la volonté. L'instinct est précisément : 1° une impulsion aveugle qui recherche le plaisir et combat la douleur : 2° une force psycho-physique qui, en ses formes supérieures, s'appelle intelligence.

La difficulté dernière serait, pour la physiologie, la psychologie, la philosophie tout entière, toutes les sciences, de concilier ces deux termes irréconciliables, ces deux phases diverses de la vie: le physique, le psychique. Mais les discuter, ce serait entrer sur le terrain prohibé des hypothèses métaphysiques. Quand, sur ce terrain, la pensée divaguait, spiritualistes et matérialistes ne pouvaient, enfermés qu'ils étaient les uns les autres dans des systèmes intangibles, arriver à un accord relatif. Aujourd'hui, l'expérimentation a forcé tout le monde à admettre certains faits. Le terrain de la discussion s'est rétréci. Et cela à tel point, que les diversités d'opinions pourraient actuellement se circonscrire à ces deux termes irréductibles : l'acte réflexe est-il un phénomène purement mécanique, ou est-il accompagné de son nexus psychique? les actes instinctifs sont-ils exclusivement psychiques, ou psycho-physiques, psycho-automatiques ?

Mais tout cela constitue, je pense, une des quatre inconnues cardinales de l'Inconnaissable.

CHAPITRE IV

Des deux hypothèses explicatives de la nature de l'instinct.

Toutes les conceptions métaphysiques de l'univers, tous les systèmes philosophiques, peuvent se classifier en deux groupes : le matérialisme et l'idéalisme. Chacun présente deux faces, suivant qu'il admet l'existence de deux substances ou d'une seule : dualisme et monisme. Mais le véritable matérialisme est toujours moniste, parce qu'il réduit le monde phénoménal à une substance unique : la matière, de laquelle, par le mouvement, découle la force. En revanche, l'idéalisme tend fatalement à être dualiste, parce qu'il ne nie pas la matière : il lui ajoute, au contraire, une autre substance psychique essentiellement différente de la force qui découle du mouvement de la matière [1].

1. Par suite de son manque d'importance actuel et parce qu'on peut l'inclure, selon ses faces, tantôt dans l'idéalisme, tantôt dans le matérialisme, je laisse de côté le *vitalisme*, théorie qui, reconnaissant l'intime enchaînement des phénomènes spirituels avec les phénomènes biologiques, conçoit l'âme comme le principe de la vie. Le vitalisme remonte à une haute antiquité, puisque déjà Aristote définissait l'âme ainsi : « la première entéléchie du

Dans le passé, par suite de l'état peu avancé des sciences naturelles, le plus grand obstacle qui s'opposait à l'exactitude des sciences morales, c'était leur aspiration à des idéalisations utopiques. Dans le présent, les progrès de celles-là ont exposé celles-ci au grand danger de l'abus des données biologiques et au mépris absolu des spéculations de la raison, je veux dire de l'observation interne. Il serait difficile de diagnostiquer laquelle des deux défectuosités intellectuelles peut tomber dans les plus grandes inepties : les extravagances de l'antique ignorance de la nature, ou la myopie aiguë, le critérium très étroit de la séparation moderne de la raison spéculative, de la plus puissante des forces humaines.

Contre l'idéalisme, certains esprits superficiels professent aujourd'hui ces deux graves préjugés :

1° Qu'il manque de méthode scientifique et arrive à des conclusions risquées, quand elles ne sont pas imaginaires.

2° Qu'il rejette les vérités conquises par les sciences naturelles.

corps ». Il fut en vogue au XVIIIᵉ siècle, comme une nuance neutre qui mettait d'accord idéalistes et matérialistes. La querelle entre les animaculistes et les ovulistes (ceux-là professant l'animisme, ceux-ci le matérialisme) prit fin avec les brillantes expériences de William Harvey. Il « démontra » que la vie avait une origine mécanique, et cette doctrine fut appelée aussi vitalisme. Elle subsista comme une transformation de l'animisme, qui se trouva privé de l'esprit, après que l'idéalisme eut revendiqué pour lui-même les phénomènes de la conscience.

Ces deux affirmations sont erronées :

1° Parce que l'idéalisme peut employer simultanément toutes les méthodes possibles d'investigation.

2° Parce que, dans les temps modernes, les grands idéalistes ont admis non seulement les vérités des sciences naturelles, mais très fréquemment les ont fait progresser.

L'idéalisme moderne ne place plus, comme Descartes, l'âme dans la glande pinéale. Loin de marcher en arrière, il s'élance en certains moments d'un pas sûr vers l'avenir. Qu'on traduise « la théorie métaphysique de l'impératif catégorique de la raison », de Kant, dans la terminologie moderne, et l'on verra si elle ne renferme pas un génial pressentiment de la doctrine de la « formation d'un critérium moral par l'hérédité psychologique », ce qui constitue une des découvertes les plus avancées de la psycho-physiologie contemporaine.

Incontestablement, la biologie nous offre certaines données angulaires qui servent à toutes les sciences morales ; mais ces données ne les constituent pas dans leur intégralité ; elles ne sont pas toutes les données nécessaires à ces sciences. Elles représentent seulement un minimum d'information élémentaire ; c'est la raison spéculative qui nous fournira la grande masse de ces données. La grande erreur consiste à croire que la biologie et la raison spéculative s'excluent, comme des forces antagonistes, quand en réalité elles se complètent comme facteurs concomitants de l'intellect humain.

C'est une erreur très générale de la part du vulgaire de croire que professer une cosmologie idéaliste implique qu'on ignore ou qu'on méconnaît les lois des sciences naturelles. Il ne conçoit pas un métaphysicien darwiniste ni un darwiniste métaphysicien. C'est le contraire qui devrait arriver : à savoir qu'on ne concevrait pas un penseur qui ne reconnût ce qui a fait ses preuves dans le darwinisme, et qui, en même temps, ne possédât, empruntée ou personnelle, une conception métaphysique du monde, plus ou moins idéaliste. Wundt, le père de la physiologie psychologique, se déclare idéaliste en ces termes positivement logiques : « La question de l'origine du développement intellectuel coïncide avec celle de l'origine de la vie. Si la physiologie, en vertu de la corrélation universelle des forces, est obligée d'admettre que les manifestations biologiques ont, pour base fondamentale et unique, les propriétés générales de la matière, la psychologie aura le même droit d'attribuer au substratum général de notre connaissance extérieure un être interne, qui, à mesure qu'apparaissent les phénomènes biologiques, trouve son développement dans le côté psychique de ces phénomènes. Malgré cette dernière supposition, gardons-nous jamais d'oublier que cette vie latente de la matière inanimée ne doit pas être confondue, ainsi que le fait l'hyzoloïsme, avec la vie actuelle et la conscience, ni considérée, à l'exemple du matérialisme, comme une fonction de la matière. L'hyzoloïsme se trompe, en supposant des phénomènes biologiques là où ils ne nous sont pas donnés, et où nous voyons seulement la base fondamentale qui les rend possibles ; le matérialisme est dans l'erreur, car il admet une dépendance essentielle, alors qu'il existe seulement une corrélation de phénomènes simultanés, mais nullement comparables entre eux[1] ». La nécessité obligatoire du matérialisme de changer son point de vue, le manque de solidité de la théorie de cette doctrine se révèlent dans l'incapacité, l'impuissance absolue d'expliquer la connexion de l'expérience interne avec l'expérimentation externe. Quoique les systèmes psychologiques engendrés par d'autres conceptions cosmologiques soient en grande partie très imparfaits, cependant c'est le matérialisme seul qui s'est raccourci le chemin conduisant au traitement scientifique de l'expérience interne. Ce fait regrettable provient de l'erreur incurable de la théorie de la connaissance, erreur que le matérialisme a commise dès ses premiers pas, quand il a voulu construire son édifice. Ainsi donc, l'expérience interne a la priorité sur toute

1. W. Wundt, *Éléments de psychologie physiologique*, traduction citée, t. I, pp. 25-26.

expérience externe ; les objets du monde extérieur sont des représentations (*Vorstellungen*, images, idées représentatives, constructives) qui se sont développées en nous suivant les lois psychologiques ; et, principalement, le concept de la matière est un concept absolument hypothétique, que nous plaçons au-dessous des phénomènes du monde extérieur : trois choses que le matérialisme méconnaît[1].

Les penseurs matérialistes actuels sont exclusivistes, les uns par ignorance, les autres par passion. Les premiers nous rappellent le renard de la fable, qui trouvait trop verts les raisins qui n'étaient pas à sa portée. Les seconds, les enfants gâtés auxquels on vient de donner un jouet neuf qui les enchante, et duquel ils ne peuvent se séparer ni à table, ni dans la rue, ni dans leur chambre à coucher, bien que ce jouet soit absolument impropre pour le lit, la promenade ou les repas. Cette seconde catégorie est fascinée par l'idée de la précision, de la vérité, et spécialement de « l'unité de la science ». C'est la même « unité de la science » que saint Thomas d'Aquin conçut pour sa *Somme théologique*. Il m'est impossible de découvrir quelle importance capitale, à part une symétrie esthétique, ils peuvent attacher à ce concept très suranné, que je m'explique

---

1. W. Wundt, *Éléments de psychologie physiologique*, t. II, p. 504.

chez Aristote, Pic de la Mirandole et jusque chez
Bacon, mais non chez des penseurs qui pro-
clament l' « évolution progressiste par différenciation augmentative de fonctions et d'organes ».
Toujours il y eut et toujours il y aura unité dans
tout ce qui sort de l'intelligence humaine ; tout
est idée, est image, est raisonnement, est logique,
est éthique, est esthétique. Dans l'art il y a de la
philosophie, et dans la philosophie il y a de l'art ;
il y a de la poésie dans les mathématiques, et des
mathématiques dans la poésie ; il y a de l'histoire
naturelle dans la politique, et de la politique
dans l'histoire naturelle. Tout s'unit, s'enchaîne,
s'étreint ; tout accuse son origine et révèle sa
parenté. C'est l'unité de la pensée humaine, de
l'art, de la science. Quelle unité de plus veut-on ?
Ou bien prétend-on qu'il n'y a de science que la
biologie ? Curieuse façon de progresser par différenciation lente ! Je me rappelle un cas que je dois
avoir rêvé en des heures de cauchemar. Il y avait
un monarque vieux et puissant qui possédait un
très vaste empire dans lequel florissaient une infinité de villes des caractères les plus variés, ma-
nufacturières, commerciales, artistiques, univer-
sitaires, neuves et anciennes, tristes et gaies,
gothiques et romanes. Un beau jour le démon
s'empare de lui et le lance dans un vertige de
destruction. Le roi nourrit l'idée fixe de donner
l'unité à son royaume. Mais il ne veut que des
villes gothiques et méditerranéennes ; il pense que

toutes les autres, les villes modernes, les villes fortes, détruisent l'harmonie et la beauté du pays, et il les fait toutes mettre à feu et à sang...

En résumé, puisque, forcément, nous n'arriverons jamais à nous expliquer l'origine ou la nature des idées, et puisque, des hypothèses qu'on nous présente, nous acceptons celle qui concorde le mieux avec notre nature intime, avec l'observation interne, celle qui décrit le mieux la dualité des deux substances, physique et psychique, dont la connexion est incompréhensible, celle qui offre le champ le plus vaste à la limitation, sinon à la connaissance de l'incognoscible, c'est l'hypothèse de l'idéalisme.

Cependant les apologistes de l'hypothèse idéaliste doivent rappeler, avec Wundt, qu'il existe sous *un* rapport, dans ses doctrines, une lacune, que l'observation psychologique ne doit jamais espérer combler. « Nulle part l'expérience ne comporte avec une certitude suffisante la conclusion que les instincts — en tant que nous laissons à ce concept la signification avec laquelle il est utilisé en psychologie — acquièrent une influence sur le développement des *plantes*. Mais, quoique la psychologie empirique doive ne pas oublier que les limites de la vie psychique ne sont pas élargies, sans des preuves *directes*, qui sont puisées dans l'observation, cependant ici cette science est obligée de s'arrêter devant cette remarque, faite par nous bien des fois, que l'impossibilité de *démontrer* ce qui est psychique n'exclut pas l'existence de ce dernier. Si, par conséquent, de son côté la philosophie naturelle trouve, dans certains phénomènes, des preuves *indirectes* qui lui rendent vraisemblable une pareille supposition, il dépendra absolument de l'aptitude de cette supposition à expliquer les phénomènes, de décider si elle est plausible ou non, comme hypothèse métaphysique. En effet, bien des phénomènes de la vie des plantes semblent indiquer qu'une base fondamentale psychique ne leur fait pas entièrement défaut. Si on fait abstraction de ces phénomènes biologiques, tels que les fonctions sexuelles se présentant sous des formes qui, extérieurement, sont complètement identiques aux manifestations instinctives correspondantes des animaux, ici se dévoile particulièrement le fait suivant : ces êtres les plus inférieurs, avec lesquels commence le développement des plantes, comme celui des animaux, ont, par leurs manifestations biologiques, plus d'analogie avec les animaux ; et, alors,... quant à ce qui concerne les processus d'échange des matériaux, les plantes apparaissent comme étant des animaux développés par un seul côté[1] ».

Alors on arriverait à grouper tout ce qui est vie sous un principe psychique idéaliste, complexe chez les animaux, très simple dans les plantes.

---

1. *Éléments de psychologie physiologique*, t. II, p. 520.

Comment ne pas se laisser aller, en conséquence,
jusqu'à attribuer la vie physique aussi à la matière inanimée, mais susceptible de se transformer
et de produire des forces : c'est-à-dire, comment
ne pas glisser ainsi jusqu'à l'hyzoloïsme? Un
large fossé sépare la substance vivante de la substance morte, l'animal et le végétal du minéral ou
du corps organique inanimé ; ceux-là sont toujours *unum per se*, sont toujours des individua-
lités susceptibles de conscience ; ceux-ci manquent de toute individualité, sont *unum per
accidens.*

On pourrait donc conclure ce raisonnement en
notant le fait que *la différence entre la vie organique et la non-vie consiste en ce que, dans l'une,
chaque unité est une individualité en soi, et que,
dans l'autre, elle est un fragment ou un assemblage
accidentel.*

A deux hypothèses donc peuvent se réduire
toutes les théories sur la nature et sur l'origine de
la force psycho-physique que j'appelle instinct et
qui est le principe de l'idée et de la pensée : au
matérialisme et à l'idéalisme. L'homme, suivant
son tempérament, peut incliner vers l'une ou
vers l'autre, parce que toutes deux sont plus ou
moins acceptables. L'erreur est de prétendre,
comme les scolastiques ou les évolutionistes
matérialistes, développer la doctrine respective
non sous la forme d'hypothèse métaphysique, mais

de certitude scientifique, laquelle conduit à la conséquence vicieuse de vouloir bientôt en faire dériver par déduction les spéculations scientifiques. Cela est très fréquent de la part des grands talents qui propagent les découvertes des génies révélateurs. Ceux-ci forment leurs hypothèses avec prudence et réserve, laissant toujours une ouverture au doute scientifique ; ceux-là, emportés par le mouvement de l'époque dans laquelle ils vivent, oublient l'origine hypothétique de la doctrine en honneur, pour la convertir en dogme. Les exégètes découvrent que Jésus se nomme lui-même le « Fils de l'Homme » ; les chrétiens l'appellent Dieu le fils, engendré dans le mystère de la Trinité. Saint Thomas d'Aquin même, avec ses idées théologiques, est moins dogmatique que Balmès[1]. Plotin établit une doctrine métaphysique qui ne répugne pas à la raison ; ses disciples, les Alexandrins, la poussent jusqu'à l'absurde. Le concept métaphysique de la vie émanant de Darwin n'est pas inacceptable : le concept du monde de Spencer, sur le point où il s'écarte de celui de Darwin, en exagérant la vérité du processus évolutioniste et en attribuant aux phénomènes psychiques une origine purement mécanique, est inacceptable. Ce qui chez Darwin est une hypothèse de doctrine, Spencer l'établit comme un

1. Jacques Balmès, né en Catalogne (1810-1848), fut avec Donoso Cortès le principal représentant du parti religieux et absolutiste à son époque. (Le Trad.)

dogme. En revanche, les idées des grands physiologistes allemands, émises par Wundt et partagées par Weber et Fechner, sont raisonnables par suite de la prudence de leur métaphysique. Le *quid* consiste à ne pas affirmer comme vérités démontrées ou démontrables, mais à présenter comme hypothèses plus ou moins viables, ce qui forcément aboutit à l'inconnaissable ou commence par lui. Délimiter le connaissable de l'inconnaissable, c'est la fin principale de la métaphysique moderne.

CHAPITRE V

Les trois lois de la vie psychique.

Nous connaissons l'existence du monde et nous découvrons aussi les qualités des choses, parce que nous appliquons à l'extérieur nos sens, et l'extérieur produit en notre intérieur, par les fonctions de notre système nerveux, des sensations. Notre psyché, coordonnant les expériences de la mémoire, transforme les sensations en perceptions. Si, dans un chemin solitaire, nous voyons à distance un homme, rapidement notre organe visuel reflète son image, et cette image produit en nos nerfs optiques une sensation instantanée : les nerfs optiques transmettent cette sensation aux centres cérébraux par une opération également instantanée et involontaire, et ces centres corrélationnent la sensation de l'homme que nous voyons avec nos souvenirs latents d'autres hommes que nous avons vus ; alors nous possédons sa *perception*. Si nous fixons les yeux sur cet homme, qui est un inconnu, par une opération mentale et également instantanée nous mettons son image en relation avec celle des nombreux hommes, corps et qualités génériques que nous connaissons, et nous précisons ses traits différentiels, sa figure, ses conditions, sa classification (il possède telle physionomie, il est grand, fort, jeune, pauvre; c'est un ouvrier) : ce sont là des *idées* (species, εἶδος).

Nous savons tous ce que c'est qu'une sensation, une perception, une idée ; mais, dans le langage commun et même dans le langage scientifique, on confond ces mots pour désigner une série de phénomènes psycho-physiologiques, plus ou moins semblables, plus ou moins différents, tels que les émotions, les désirs, les sentiments, les passions, etc. C'est que le mécanisme de l'esprit est, au point de départ, inconscient dans ses mouvements, subtil, fugace, involontaire, compliqué. Chaque première sensation est accompagnée de sa perception et de son idée ; mais cette idée se subdivise bientôt en soi et par soi en une série de nouvelles sensations, perceptions, représentations idéales, et celles-ci suggèrent de nouvelles idées. Passions, sentiments, désirs, émotions peuvent toujours se décomposer en un très vaste ensemble de sensations, perceptions et idées. Si, pour en revenir à l'exemple cité, nous découvrons dans l'inconnu qui vient vers nous, dans un chemin solitaire, à l'heure du crépuscule, un ennemi mortel qui, nous le savons, nous cherche pour nous tuer, la *sensation première* se transforme *ipso facto* en une série de *sensations secondaires et tertiaires*, chaque fois de plus en plus compliquées ; nous cherchons instinctivement si l'homme arrive armé ; nous inspectons ses armes et ses forces ; nous sentons l'émotion de la crainte et la passion de la haine ; nous nous rappelons des cas analogues, pour mieux préparer la défense ou l'attaque, etc.

Dans le premier cas, quand l'homme qui s'avance est un inconnu, nos opérations mentales peuvent se réduire à ce tableau schématique :

Sensation première (reflet de l'image sur la rétine).	*Perception première* (transmission de l'image au cerveau par les nerfs optiques).	*Idée première* (représentation, description et classification de l'image).

Dans le second cas, quand nous découvrons dans l'homme en marche notre mortel ennemi, le schéma se complique :

Sensation première, Perception première, Idée première (reconnaissance de l'image).	Sensation interne secondaire, etc.
	— — tertiaire, etc.
	— — quaternaire, etc.
	— — quinternaire, etc.
	— — sextiaire, etc.
	— — septimaire, etc.
	— — octavaire, etc.

L'existence de ces phénomènes a été mise en évidence par l'observation interne. La physiologie psychologique contemporaine les a corroborés et précisés avec une grande variété de faits et d'observations ; mais quand elle a voulu leur donner une explication catégorique, elle n'est arrivée à rien de plus qu'à imaginer des hypothèses semblables à celles que les psychologues analystes modernes, spécialement les psychologues anglais de l'école de Hume et de Bain, basent sur l'observation interne. C'est en amalgamant les expériences de la physiologie psychologique avec les observations de la psychologie empirique, que nous pourrons arriver à un maximum de vérité et de précision.

A ce phénomène que j'ai énoncé, à l'activité psychique décrite peuvent se réduire toutes les opérations mentales, y compris celle du jugement ou raisonnement, qui n'est autre chose qu'une coordination et simplification d'idées. De ce phénomène élémentaire, mais typique, complet, unique, nous devons extraire les lois de la vie de l'esprit.

Les psychologues anglais sont parvenus à formuler, par l'organe de Bain, deux lois fondamentales de l'esprit : la *loi d'association par similitude*, et la *loi d'association par contiguïté*.

Une idée quelconque étant évoquée ou provoquée dans notre imagination, nous commençons immédiatement à la classifier et à la fixer en un lieu déterminé de notre psyché, parmi d'autres idées relatives, semblables ou identiques. On dirait que notre esprit est un dépôt d'archives admirable, divisé en séries logiques de compartiments d'idées. Une idée étant produite, nous lui cherchons ensuite le département qui lui convient, et, dans ce département, le compartiment réservé aux idées de la même famille. C'est-à-dire, nous

J'associons à ses idées corrélatives et semblables. C'est la *loi d'association par similitude.*

Notre intelligence, quand elle raisonne, ne procède pas par sauts. Nous descendons dans la rue, nous y trouvons un rassemblement d'hommes armés qui vocifèrent, et nous imaginons qu'une émeute ou une révolution a éclaté. Comment sommes-nous parvenus à cette conclusion? Par toute une vaste série graduée d'idées associées et de jugements. Nous avons pensé que, d'ordinaire, des multitudes armées et vociférantes ne vont pas par les rues ; que cela implique un état anormal ; mais les émeutes politiques et les révolutions sont des états anormaux dans lesquels les hommes se soulèvent contre les pouvoirs constitués ; que ces rébellions éclatent parfois en manifestations tumultueuses et font courir aux armes des groupes d'individus ; que la police étouffe toujours les désordres des rues : que si la police n'a pas étouffé celui dont nous sommes témoins, c'est sans doute parce qu'elle ne l'a pu : que si elle ne l'a pu, c'est parce que la rébellion est sérieuse et forte ; que si elle est sérieuse et forte, il ne s'agit pas d'une simple faction agitée, mais d'une multitude qui se soulève, etc., etc. Par une continuation ininterrompue de jugements lumineux, nous arrivons à notre conclusion. Il en va de même avec n'importe quel raisonnement. C'est la *loi de contiguïté.*

Mais ces deux lois embrassent descriptivement deux aspects des opérations mentales les plus fréquentes, quoique non pas toute la loi de l'esprit dans toutes ses manifestations. C'est ce que je vais tenter d'exposer, en me réduisant à trois lois capitales : I, la *loi de la dynamique de l'esprit* ; II, la *loi de la statique* ; et III, la *loi statico-dynamique du jugement*.

I. — Loi de la dynamique de l'esprit

La vie psychique se manifeste par une ACTIVITÉ ASCENDANTE, *du plus simple au plus complexe, de la sensation première à la perception première, de celle-ci à l'idée première, et de là aux sensations, perceptions, idées secondaires, tertiaires, etc.*

C'est la loi première du fonctionnement de notre système nerveux ; nos sens appréhendent les phénomènes extérieurs et les transmettent aux centres cérébraux, de la sensation à la perception, de la perception à l'idée, et de l'idée prise de l'extérieur à d'autres sensations, perceptions et idées intérieures.

La caractéristique de la progression ascendante de la phénoménologie psychique est une gradualité très douce. La nature, qui ne fait pas de sauts en matière physique, en fait moins encore en matière psychique. Hume dénommait vaguement ce fait la « gentillesse », « délicatesse » ou « douceur » de la force psychique, une *gentle force*.

Il faut noter que Spencer appelle impressions

fortes les sensations, perceptions et idées que je qualifie de premières, celles qui émanent directement de la réalité ; et impressions faibles, les sensations, perceptions et idées secondaires, tertiaires, etc. Cette désignation ne me paraît pas appropriée, parce que l'intensité d'une sensation, d'une perception, d'une idée, ne dépend pas toujours de sa réalité immédiate. Sans nous arrêter aux cas exceptionnels des hommes de génie qui évoquent très fortement et en abstraction certaines idées ; de musiciens sourds comme Beethoven, qui écrivent d'admirables symphonies ; de poètes comme Schiller, qui fait une description superbe de la mer sans jamais l'avoir vue, ou comme Dante, qui nous introduit dans le paradis, le purgatoire et l'enfer ; de peintres qui peignent d'un seul coup d'œil ; de philosophes qui se recueillent dans les symboles ; sans entrer, dis-je, dans ce champ de cas extraordinaires, et me limitant à la moyenne, il est évident que, en certaines occasions et même fréquemment, tout homme éprouve des sensations, des perceptions et des idées secondaires et tertiaires, *internes,* qui le passionnent autant ou plus fortement que les premières qu'il emprunte à la réalité même et qui lui sont plus ou moins indifférentes. Le souvenir intérieur que garde un amoureux de l'objet de sa passion est toujours une impression plus forte que les impressions qu'il tire directement dans la réalité des autres femmes qui passent devant sa rétine.

Ainsi, le mouvement ascendant de la dynamique de l'esprit n'est pas ascendant en intensité, mais en qualité, c'est-à-dire en complexité.

II. — Loi de la statique de l'esprit

Toute opération psychique laisse une double trace dans l'esprit : un souvenir et une facilité de plus pour permettre à l'opération vérifiée de se répéter.
Cette loi est si évidente, qu'à chaque instant nous l'observons en nous-mêmes et dans les autres. L'existence du souvenir est la base de nos concepts. Nous ne nous rendons compte d'une sensation, d'une perception, d'une idée, qu'en la différenciant de celle qui a précédé et en la mettant en relation avec elle. Tout mouvement mental laisse gravée dans notre âme une image latente qu'à n'importe quel moment l'expérience peut préciser ou rendre évidente.

D'autre part, du principe biologique de l'évolution des espèces en vertu duquel « la fonction crée l'organe », découle ce corollaire : le développement des aptitudes dépend de leur exercice. Nous naissons inaptes, mais avec des facultés que l'exercice fortifiera. Les fonctions physiques et psychiques de notre organisme acquièrent de la vigueur par l'activité et la pratique. S'il n'en était pas ainsi, le principe biologique de l' « adaptation au milieu » serait inexact. Chacun adapte ses facultés à ses besoins, et ses besoins règlent l'exercice de ses facultés. Plus adéquat et continu est cet exercice, plus grand est le développement de ces facultés. Diverses théories physiologiques expliquent le phénomène des spéculations intellectuelles, particulièrement par le principe des localisations et l'hypothèse qu'à une plus grande activité d'une région cérébrale quelconque correspond une plus grande irrigation sanguine.

III. — LOI DE LA DYNAMO-STATIQUE DE L'ESPRIT

Quand se produit l'opération dynamique ascendante, les nouvelles sensations, perceptions et idées se combinent avec la statique, c'est-à-dire que des restiges de vieilles sensations, perceptions et idées, combinées entre elles, découle le raisonnement par trois opérations : association, contiguïté et SIMPLIFICATION.

C'est l'opération consciente de l'esprit, opération humaine par excellence : *penser*. Une nouvelle idée acquise par la loi de dynamique se combine avec les anciennes idées par la loi de statique ; mais jusqu'où parvient l'activité de l'esprit? à quels résultats arrive l'intelligence? D'abord, elle associe des idées congruentes, ou corrélatives, ou concomitantes, ou semblables ; ensuite, elle établit une série graduelle et continue de prémisses. C'est ce que Bain appelle « loi d'association par contiguïté » ; mais est-ce que l'esprit, dans cette combinaison de la statique et de sa dynamique, suit jusqu'à l'infini, ou peut-être jusqu'à l'exténuation ? Ici vient donc une troisième incise que les psychologues n'ont pas précisée encore : la simplification. Quand, dans notre âme, flottent des centaines d'idées, notre intelligence, par une opération instinctive, cherche des solutions, c'est-à-dire résout des équations, dégage des inconnues, additionne, retranche, divise, induit, déduit, analyse et extrait les résultats : elle simplifie. Abstraire, discuter, déduire, induire, réduire, résoudre, terminer, conclure, etc., c'est *simplifier*.

De là les deux schémas suivants, qui représentent graphiquement l'exposé. Dans le premier (fig. 2) nous voyons le mouvement ascendant d'une sensation S^1 qui monte à une perception P^1 et de là à une idée I^1, émanées directement de la réalité sensible. Cette idée I^1 engendre la sensation interne ou secondaire S^2, celle-ci la perception P^2, celle-ci l'idée I^2, et ainsi de suite, le processus intérieur se compliquant davantage chaque fois, suivant

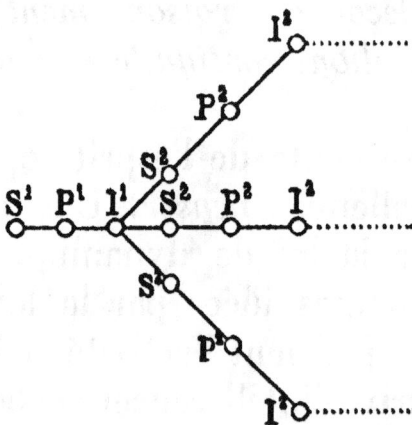

Fig. 2.

ce que j'ai appelé la loi dynamique de l'esprit. Or,
quand ce processus parvient à sa complexité la
plus grande, l'esprit le simplifie, suivant la loi
que j'ai appelée « dynamostatique ». Ce mouvement simplifiant peut se représenter ainsi dans
le second schéma (fig. 3), complémentaire du

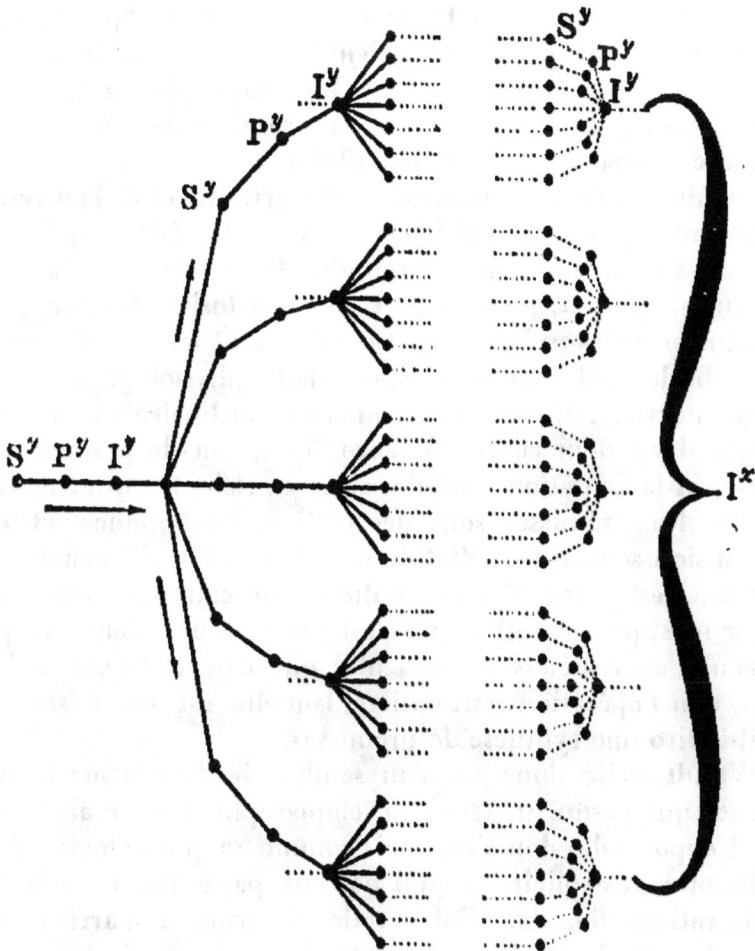

Fig. 3.

premier: le mouvement ascendant parvient aux
sensations S^y, aux perceptions P^y et aux idées I^y,

lesquelles se séparent ou se terminent en une idée résultante ou un ensemble d'idées finales [1] ».

1. Wundt, dans la première édition de son *Traité de psychologie physiologique*, soutint une thèse semblable, mais d'une façon vague et obscure, au point que lui-même rejeta bientôt cette théorie. Il affirmait l'unité de la pensée, qui, dans sa nature intime, se réduisait alors à une seule fonction : raisonner, conclure (*schliessen*, littéralement « fermer »). « Il y a pour les phénomènes mentaux, quelles que soient leur variété et leur diversité, une unité de composition. Les sensations de n'importe quelle classe, les jugements, les idées, les sentiments, sont le résultat d'une conclusion. Toutes les différences ne proviennent que des divers degrés de complexité de l'acte primitif et de la diversité des matériaux qu'il met en jeu ». « Tous les faits psychologiques mènent finalement à un fait unique : la sensation ». La sensation la plus simple est, pour Wundt, une conclusion. Que suppose une conclusion ? Des prémisses. Et quelles sont ici les prémisses ? Des faits absolument inconscients, des faits physiologiques, des processus nerveux. Entre le raisonnement ordinaire et la sensation simple il y a donc cette différence : que, dans le premier, les prémisses et la sensation sont des actes conscients ; que, dans la seconde, les prémisses sont des états physiologiques, et que la conclusion seule est un état de conscience. On dit généralement : penser, c'est juger. Wundt soutient, au contraire, que l'acte de juger n'est pas primitif ; que c'est un état conscient qui présuppose une série d'états inconscients ; que c'est le terme de l'opération, non l'opération tout entière, laquelle est un raisonnement, c'est-à-dire une synthèse de prémisses.

Wundt arrive donc jusqu'au seuil de la théorie sur la subconscience que j'esquisse ici et développe plus loin, mais il s'arrête là. Il apporte des données, mais comme sa physiologie n'est pas suffisamment explicite et qu'il ne veut pas entrer dans la psychologie rationnelle, dans l'observation interne, il n'arrive pas à la formuler. Il n'emploie pas le mot subconscience, se bornant à insinuer l'existence de faits inconscients. Mais nous avons déjà vu que l'inconscient n'est pas le subconscient. Il lui arrive avec la subconscience quelque chose de semblable à ce qui advint à Wallace au sujet de l'origine de l'homme : son étude embrasse toutes les espèces, mais, arrivée à l'homme, elle s'arrête... Il y a plus : Wundt, ne trouvant pas à sa théorie sur l'unité de composition du psychique une base physiologique bien démontrée, et la sentant un peu métaphysique, la supprime de son traité de psychologie physiologique. C'est qu'en effet cette doctrine était entachée de ces défauts capitaux : 1° elle ne distingue pas clairement une zone intermédiaire entre l'inconscient et le conscient, la subconscience ; 2° le fait que les actes conscients ont forcément des antécédents subconscients, elle le formule en un principe synthétique et métaphysique, celui de l'unité de composition.

CHAPITRE VI

*La conscience et la volonté sont un même phénomène :
la conscience-volonté.*

Nous sommes arrivés déjà à la conclusion
qu'une chose douée de vie se distingue d'une
chose privée de vie en ce que celle-là est une
unité en soi *(unum per se)*, tandis que celle-ci est
une unité occasionnelle *(unum per accidens)*. Cette
vérité, de haute transcendance psychologique et
métaphysique, pourrait se concréter dans les formules suivantes : *Unité accidentelle* (non organisée). = *Absence de vie; Unité organisée.* = *Vie.*
= *Parallélisme psycho-physique.*

Nous ignorons si les plantes possèdent le sentiment de leur unité en soi ; mais il est évident
que tout animal le possède. Ce sentiment de notre
unité psycho-physique s'appelle conscience (en
allemand, *Bewusstsein : Bewusst*, connaissance ;
sein, être). Qu'est-ce que la conscience? comment
est-elle? que peut-elle?

Existe-t-il dans notre esprit quelque chose qui
puisse se rendre indépendant des conditions physiques et psychiques, du déterminisme des actes

réflexes simples et composés? Que le psychologue s'enferme dans sa propre âme; qu'il y allume l'antique lumière de l'*interna visio*; qu'il pense, comme Leibnitz, que son âme « n'a pas de fenê-tres », et qu'il se demande s'il ne sent pas *quelque chose* en lui-même, quelque chose de très vague et de très absolu, quelque chose de très indifférent et de très sensible, quelque chose de très grand et de très petit, qui pourrait se résumer en un seul mot : Je veux? Tout cela est-il une illusion de notre conscience, provenant de la complexité et de l'obscurité de nos impulsions, ou y a-t-il réelle-ment *quelque chose* en nous qui puisse pallier ou détourner la force de ces déterminants de la vo-lonté? Le psychologue ne se rappelle-t-il jamais avoir senti dans son âme *quelque chose* comme une balance dans les plateaux de laquelle pesaient également le pour et le contre de chaque action, et ne se rappelle-t-il pas avoir pu ajouter de lui-même un *quelque chose* qui pesait dans cette ba-lance et en faisait dévier l'aiguille dans l'un ou l'autre sens? Qu'est-ce que ce *quelque chose*, tantôt si fort qu'il renverse les montagnes, tantôt si faible qu'il s'abat sous le poids d'une feuille arrachée d'un arbre par un vent d'automne, et qui est tombée sur lui? C'est, s'il existe, vérité ou illu-sion, le « libre arbitre ». Il me paraît également risqué de l'affirmer absolument, comme de le nier absolument. C'est quelque chose d'obscur et de symbolique : c'est une divinité sans nom ni séjour, inconstante et inconnue, que personne n'a jamais vue, mais dont l'influence, heureuse et malheureuse, apparaît çà et là en signes non équivoques. Adorons-la, mortels, contentons-nous de l'adorer! Qui pourra rechercher son essence, si son essence échappe à nos sens et à nos facultés? Acceptons-la comme un mystère inépuisable... L'ardeur de certains psychologues et physiologistes contemporains à tenter de pénétrer sa nature me paraît aussi absurdement vaine que celle des anciens alchimistes, qui cherchaient à découvrir la pierre philosophale. Mais la pierre philosophale était une utopie, et le libre arbitre est *presque* une utopie, *presque* une réalité.

Des prémisses indiquées, la conscience est la coordination la plus haute de notre psyché. C'est le centre idéal auquel aboutissent, en se réunissant, toutes nos sensations, émotions, perceptions, images, et tous nos raisonnements. On pourrait l'appeler, suivant les cas, la sensation-synthèse, la perception-synthèse, l'idée-synthèse, la faculté-synthèse.

Chacune de nos sensations se compose de nombreuses sensations, mais sensations élémentaires, presque imperceptibles par elles-mêmes. Un son quelconque se compose d'une grande série de vibrations que perçoit en bloc notre ouïe; le son qui parvient bientôt à notre intellect y provoque une autre série de sensations et éveille une autre série d'états de conscience presque instantanés et presque

inconscients en soi ; ceux-ci, à leur tour, par les
lois d'association et de contiguïté, produisent
en nous d'autres séries d'émotions et aussi d'images nouvelles beaucoup plus élevées. Il en est de
même avec chaque perception tactile, visuelle,
olfactive, gustative. Simultanément on éprouve
des perceptions de tous les sens, ou de presque
tous. Notre âme harmonise ou coordine cet amas
d'impressions par une opération rapide et involontaire. Le résultat total et continu de ces opérations coordinantes est celui que nous produit la
sensation-synthèse de notre conscience. *Cogito,
ergo sum* : je suis, parce qu'il y a en moi un laboratoire très individuel qui reçoit tout ce qui est
extérieur et l'élabore ; si mon âme est un miroir,
comme disait Leibnitz, c'est un miroir très puissant qui sait chercher toujours la meilleure lumière, qui réfléchit ce qu'il veut, prend des notes,
garde des images et en combine, et se réserve le
droit divin de les réduire, en dernière instance, à
une seule entité : *moi*, le *moi* des métaphysiciens.
C'est la conscience, quelque chose comme le
centre vers lequel convergent tous les fils d'une
toile très compliquée. Si mes centres nerveux ou
psychiques ne marchaient pas d'un commun accord ; si un à un ils se rendaient indépendants des
autres et travaillaient uniquement pour eux-
mêmes, quand je me demanderais : « Existé-je ? »,
chaque sens à part me répondrait par des sensations, des perceptions, des idées et des mouve-

ments divers et contradictoires, et je perdrais la conscience de mon *moi*, unique, harmonique, absolu. Ma psyché serait un chaos dans lequel me feraient défaut ces impressions capitales de ma vie : ma personnalité, ma liberté, ma volonté. Alors je concevrais, s'il m'était donné de concevoir, la non-existence, la non-liberté, la non-volonté. Ma personnalité se diviserait en une série de personnalités anarchiques et peut-être esclaves du milieu, d'entre lesquelles il me serait impossible de sauver la conscience de mon être, mes volitions, mon *moi*.

Lançons un regard profond dans notre intérieur, voyons de quoi se compose cette impression capitale de notre conscience, et nous trouverons deux éléments congruents, intimes, inséparables : le *moi* et la volonté, l'existence et la liberté, la vie et la volition. Qu'est donc cette partie intégrante et indivisible de la conscience, que les philosophes ont capricieusement séparée tant de fois, et qu'ils ont appelée volonté, volition, libre arbitre, liberté, — une série de témoignages qui signifient un même et unique phénomène psychologique ?

Tant que je vivrai, je posséderai deux sensations ou notions : 1° que j'existe ; 2° que je suis capable de vouloir. La première est la conscience ; la seconde, la volonté.

Eh bien ! pourrai-je posséder la première sensation et non la seconde, ou, à l'inverse, la se-

conde et non la première? Pourrai-je avoir conscience que j'existe, et ne pas me sentir capable
d'arriver à vouloir quelque chose? Pourrai-je savoir
que je veux quelque chose, et n'avoir pas conscience que j'existe? Évidemment non : si je sais
que j'existe, je sais que je suis capable de vouloir;
si je sais que je veux, je sais que j'existe. Par conséquent, la conscience et la volonté sont deux
conditions intimes, inséparables, c'est-à-dire un
seul phénomène psychique : la conscience-volonté.
C'est là le fait.

Quelle garantie offre ce double fait de la conscience-volonté? Est-ce une circonstance douteuse
établie hier par le hasard, sans conséquence aucune, et que le hasard peut détruire demain, ou
un fait fondamental et transcendant?

Dans l'harmonie universelle n'existe rien qui
ne doive exister; tout ce qui existe a sa raison
d'être et son objet. « Il n'y a rien de vil dans la
maison de Jupiter », disait Spinoza. « L'ombre
qui accompagne le voyageur, dit Maudsley, est
une partie aussi intégrante du cosmos que le
voyageur lui-même ». Dans la sélection des espèces, ce qui est de trop disparaît; toute fonction
a un organe, tout organe a une fonction : si la
fonction n'est pas nécessaire, l'organe s'atrophie.
Donc, le fait de notre conscience-volonté, s'il
existe, doit avoir ses fonctions propres : et s'il ne
les avait pas, il cesserait d'exister. Pour ceux qui
possèdent une conception mécanique du monde,

quel but capital a le fait indéniable de la conscience-volonté? Il faut examiner attentivement ce problème. Pour le déterminisme matérialiste, « il revient au même que Constantinople ait été prise par des Turcs conscients que par des Turcs automates ». Plus encore, réduisant à l'extrême les termes de la doctrine spencérienne, il est possible et même probable que, dans l'évolution et la transformation des forces, les animaux arrivent à perdre complètement cette entité interne que j'appelle conscience-volonté. Mais une telle hypothèse est absurde, parce qu'elle se trouve en contradiction avec les phénomènes naturels. Elle n'implique rien moins qu'une négation catégorique des lois de la lutte pour l'existence et de la sélection des espèces esquissées par Darwin et corroborées par la science contemporaine.

Si la conscience-volonté était un effet accessoire, ou, mieux, un effet superflu de notre psycho-physiologie : si elle était un épiphénomène, comme l'appelle Maudsley, et non un phénomène normal et nécessaire, elle tendrait à disparaître dans l'évolution des espèces. Un des corollaires les plus exacts de la loi de la sélection est que tout *effet non nécessaire pour la lutte de l'existence* disparaît au bout de quelques générations. Cependant, au contraire, la conscience-volonté s'accentue. Ce n'est donc pas un épiphénomène, un surajouté, comme l'appelle M. Ribot, mais un chaînon indispensable dans l'harmonie des faits. La théorie

de la conscience-épiphénomène est une conséquence logique de l'évolutionisme matérialiste
moniste. C'est que si le darwinisme ne nie pas
l'existence possible d'un principe psychique idéal
qui produit l'évolution des espèces, l'évolutionisme spencérien, en revanche, nie l'existence de
ce principe, en le basant tout entier sur une transformation mécanique de forces matérielles. Combien plus philosophique est la conception darwiniste, de laquelle la précédente n'est qu'une
déformation aussi schématique et capricieuse que
les plus audacieuses constructions métaphysiques !
Admettons, par conséquent, le *fait* de la *conscience-
volonté*, sans rechercher sa nature, ce qui serait
vouloir envahir la région de l'Inconnaissable,
comme nous admettons, sans les comprendre, les
faits de l'Éternité et de l'Espace illimité.

La conscience-volonté est donc un phénomène
à la fois statique et dynamique : statique quant à
la conscience en soi, dynamique quant à la volonté. C'est une impression continue qui dure tant
que dure la vie, et qui renferme trois éléments :
l'espace, le temps et le *moi*. On ne la perd que
dans l'anesthésie absolue, et c'est ce qui la diffé-
rencie psychologiquement du sommeil et du
somnambulisme. Quand je dors, je sais que
j'existe, que j'occupe un endroit dans l'espace,
que les heures passent : et si je m'éveille après un
laps de temps que j'ai passé sous l'action du chlo-

reforme, ma première surprise est de constater que ce temps-là s'est écoulé, car ce que je noterai de plus étrange en revenant à moi, c'est que, entre le moment où j'ai perdu connaissance et celui où je me suis réveillé, il m'a semblé qu'il ne s'est pas écoulé une seconde. J'achève d'entendre la voix du médecin qui me dit : « Respirez bien », avant que je m'évanouisse, et j'entends immédiatement la même voix qui me dit : « Tout est fini », après une opération d'une heure ou plus, quand je me trouve déjà réinstallé dans mon lit. — Cette continuité de l'impression de la conscience est une preuve irréfutable que c'est un état dynamique produisant une sensation que l'on pourrait se représenter comme statique.

En effet, Hobbes déjà a observé que « sentir toujours la même chose revient à ne pas la sentir ». Appliquons cette règle à la conscience, en la mettant en corrélation avec la loi de Weber et Fechner : Comment, si la conscience est toujours la même chose, la sentons-nous toujours ? C'est que la conscience n'est pas toujours la même chose : elle traverse une série d'états et de modalités. Et que peuvent être ces états ou modalités, sinon les fluctuations de la volonté? C'est là, pour la même raison, une preuve graphique que la conscience n'est pas une entité statique existant par elle-même, mais, simplement, une conscience-volonté. Les deux éléments qui constituent la conscience-volonté, je me les représente aussi intimement unis que l'hydrogène et l'oxygène dans la formation de l'eau.

Le phénomène signalé peut s'énoncer ainsi : *nous sentons la conscience comme une impression continue, parce qu'elle est une succession d'impressions différentes.* Elle est une succession d'impressions différentes, parce qu'elle est une unité multiple ; c'est-à-dire, une impression unique qui résume beaucoup d'impressions fragmentaires. Par conséquent, elle peut être instable. La continuité de la conscience est donc le résultat de deux conditions : la multiplicité des impressions qui la créent, et l'instabilité de ces impressions.

Mais ce phénomène que j'appelle continuité de la conscience ne peut s'expliquer, comme le prétendent les philosophes anglais qui l'ont signalé, particulièrement Bain, par la conscience même, comme une sensation interne. Il y a quelque chose de plus qui forme partie de cette impression de continuité, car on ne conçoit pas la conscience sans la volonté ni la volonté sans la conscience. Chez les hystériques abouliques, la diminution de la volonté entraîne une perte corrélative de la conscience. Ils possèdent une volonté à peu près nulle, mais aussi une conscience à peu près nulle.

Dans le concept mécanique du monde de l'évolutionisme matérialiste moniste, la volonté n'est autre chose qu'un résultat de la transformation de forces universelles qui vont de l'homogène à l'hétérogène. Donc l'impression interne de notre volonté, que nous sentons tous, est une illusion trompeuse. « Le : *je veux*, affirme M. Ribot, confirme une situation, mais ne la constitue pas ». Ce à quoi répond très bien M. Fouillée : « Le : *je veux vouloir*, confirmant une situation, commence à en établir une autre ». On pourrait également dire : « *Je veux vouloir vouloir...* » Et ainsi de suite on arriverait à un engrenage interminable de situations confirmées qui tendent à constituer des volitions. « Le concept empirique de la liberté », observe Schopenhauer, « nous autorise à dire : Je suis libre, si je puis faire ce que je veux ». Mais ces mots « ce que je veux » présupposent déjà la résistance de la liberté morale. Or, c'est précisément la liberté de vouloir qui est actuellement en question, et il serait nécessaire, en conséquence, que le problème se présentât comme il suit : « Peux-tu vouloir ce que tu veux ? » — ce qui fera présumer que toute volition dépend d'une volition antécédente. Admettons qu'on réponde affirmativement à cette question. Ensuite s'en présente une autre : « Peux-tu vouloir aussi ce que tu veux vouloir ? » Et l'on irait ainsi indéfiniment. De là cette définition si profonde de Kant : « La liberté est le pouvoir d'inaugurer par soi-même une série de modifications ». C'est là précisément la volonté pour les évolutionistes matérialistes monistes. Eh bien ! cette succession de causes est-elle une simple transformation de forces, comme ils le prétendent? Cette évolution ou progression de volitions est-elle d'origine purement mécanique et obéit-elle à une impulsion *x*, expression d'une puissance idéale qui n'est ni force ni matière, bien qu'elle s'extériorise par la matière et par la force?

Pour démontrer que « jamais on ne peut déduire l'avenir du passé, ni limiter l'avenir par le passé », on cite ici une loi de Wundt sur l'hétérogénéité, loi esquissée par Schopenhauer et par Hartmann, suivant laquelle « toute action volontaire produit toujours des conséquences qui vont plus loin que les motifs qui la déterminèrent ». Tel homme effectue un acte en vue exclusive de gagner de l'argent, et devient une source de grands bienfaits pour son pays ; un autre qui, au contraire, s'est proposé de faire du bien à son pays, gagne de l'argent, mais lui nuit, etc. A cette loi, les partisans d'un concept mécanique du monde, les évolutionistes matérialistes monistes, pourraient répondre avec beaucoup de logique que la loi de l'hétérogénéité ne contredit pas leurs doctrines, en tant que celles-ci dédaignent les intentions humaines, quand elles supposent que les hommes sont des instruments automatiques de la transformation et de l'évolution des forces.

Il subsiste donc l'inconnue signalée. Pour la résoudre, je dois rappeler ce qui a été exposé sur les deux hypothèses explicatives de la nature de l'idée, matérialisme et idéalisme, et les conclusions auxquelles je suis arrivé : à savoir que je regarde comme supérieure l'hypothèse idéaliste, en ce qu'elle concorde mieux avec l'observation interne, décrit mieux les phénomènes du monde réel, et laisse le champ ouvert à la délimitation du Connaissable d'avec l'Inconnaissable.

Depuis Aristote jusqu'à Kant, les philosophes établissent, comme cause absolue d'un acte volontaire, la volonté (un *Deus ex machina*) ; des psychologues et physiologistes modernes cherchent aujourd'hui la naissance ou cause déterminante (*Entstehung*) de la volonté, qu'ils trouvent tantôt dans l'acte réflexe, tantôt dans l'instinct, tantôt dans un principe psychique idéal. Il me semble que cette investigation est synonyme ou de confusion stérile de mots, ou d'irruption dans le mystère de l'Inconnaissable. Je crois que nous devons nous contenter du fait d'avoir une conscience-volonté, dont l'origine et la nature se perdent en la nuit de la *causa causarum*. Qu'il nous suffise de noter et de répéter bien clairement que les problèmes de la liberté, du déterminisme, du libre arbitre, etc., peuvent se synthétiser dans ce fait unique : nous possédons une conscience-volonté dont il ne nous est pas donné de connaître l'origine. L'unique chose que nous puissions laisser pour démontrée, c'est que cette conscience-volonté n'est pas un phénomène isolé et indépendant, mais une forme, la plus concrète, du principe de la vie, de notre unité d'êtres organisés, principe

qui a sa racine dans les actes réflexes et instinctifs et dans les opérations de la subconscience.

La distinction entre la *conscience générale* et la
conscience de soi, qu'établissent quelques psychologues modernes, est par conséquent vaine. Si la
psychologie transcendantale (Fichte, Schelling,
Hegel, Jacobi, Schleiermacher, Schopenhauer) a
démontré quelque chose, c'est que *nous connaissons le monde subjectivement, c'est-à-dire par les
représentations de notre conscience.* S'il y a une
vérité universellement acceptée aujourd'hui par
toute psychologie, c'est celle-là. On peut en déduire que dans notre conscience il y a deux
champs : la conscience du monde, « conscience
générale », et la conscience de notre individualité,
« conscience de soi ». Mais comment avons-nous
conscience de nous-mêmes, sinon par relation
avec le monde ? Comment avons-nous conscience
du monde, sinon par relation avec nous-mêmes ?
Si notre *moi* restait isolé dans le vide absolu,
nous n'aurions pas conscience de notre existence,
parce qu'il nous manquerait un terme de comparaison ou de relation ; si nous éliminions l'ombre et que tout fût lumière, nous n'aurions pas
conscience de la lumière, faute de ce terme de
comparaison d'un fond noir qui fait saillir les
rayons lumineux. Ce fond, grâce auquel nous
avons conscience de nous-mêmes, est la conscience du monde. La conscience du monde
n'est en conséquence, par contraposition, que la

conscience de nous-mêmes. Il n'existe donc pas deux consciences, l'une générale et l'autre individuelle ; il existe une seule conscience individuelle, une seule conscience du *moi*, qui se fait sentir par les représentations que nous empruntons au monde extérieur comme termes de comparaison ou points d'appui. Et cette conscience est la conscience-volonté que j'ai décrite.

CHAPITRE VII

Doctrine de la subconscience-subvolonté.

On peut dire que, depuis la Renaissance, il
existe, plus ou moins vague, une « philosophie
de l'inconscient » (*Philosophie des Unbewusstsein*)
qui a compté, particulièrement en Allemagne, de
nombreux adeptes parmi les penseurs les plus
profonds. Elle a revêtu deux aspects : la métaphysique, qui comprend Descartes, Spinoza,
Leibnitz, Kant, Hegel, Carus, Wolff, Hartmann,
Volket, Maine de Biran, Schopenhauer ; et la
psycho-physiologie, qui commence avec les matérialistes contemporains de Berkeley, et est repré-
sentée de nos jours par Colsenet, Laycock, Car-
penter, Cobbe, Lewes, Thompson, Baldwin, etc.
Les caractéristiques du premier aspect sont
l'admission des « idées innées » de Descartes et la
tendance à construire déductivement des systèmes
universels : celles du second, l'argumentation
inductive et une certaine tendance à assimiler les
fonctions physiologiques végétatives aux fonctions psychiques, dont je qualifie quelques formes
d' « actes de cérébration inconsciente ».

Pour un observateur qui n'aiguise pas *ex professo* son esprit, le fait de la subconscience-subvolonté doit être une surprise, et son exposé une source d'étonnement. La majeure partie des hommes croient qu'ils ont conscience de *toute* leur activité psychique ; ils dédaignent ou ignorent les opérations sensibles et intellectuelles qui s'élaborent silencieusement, et, pour parler ainsi, subrepticement dans leur psyché ; ils croient que l' « âme » n'a pas plus de facultés ni n'exerce pas plus d'actes que ceux dont leur conscience leur donne témoignage, que leur volonté improvise. L'orgueil ne leur permet pas de voir que leur esprit possède un arrière-fond obscur, large, actif, puissant, où les perceptions, les sensations et les images vivent en un perpétuel mouvement, aussi ignoré que le travail souterrain des gnomes des légendes germaniques.

Les psychologues modernes soutiennent fréquemment que « tout ce qui est psychologique est conscient » ; donc, « une psychologie de l'inconscient est une absurdité ». Cependant, ces mêmes psychologues étudient des « états de conscience obscurs », des « perceptions obscures », des états émotionnels qui existent et n'ont pas dépassé encore le seuil de la conscience, etc. Et ils ont coutume aussi d'appeler inconscient tout ce qui n'est pas conscient. Bien. Il est incontestable qu'il y a une série de phénomènes psychiques qui ne sont pas absolument conscients.

Sont-ils toujours inconscients ? Une étude psycho-physiologique attentive démontre qu'en beaucoup de cas ils sont relativement conscients,
relativement inconscients ; ce sont les phénomènes
que j'appelle subconscients-subvolontaires. Par
exemple, le passage de la sécrétion urique du rein
à la vessie est un acte absolument inconscient,
par conséquent non psychique (bien qu'il ait ses
attingences psychologiques) : et l'émotion que
produit chez un homme normal la vue de la cou-
leur rouge, émotion qui échappe à sa conscience
mais qui augmente sa pulsation cérébrale, est un
acte en apparence inconscient, c'est-à-dire subconscient et par conséquent psychologique. Donc,
tout ce qui est psychologique est conscient ou
subconscient ; seul l'absolument inconscient
échappe à l'observation psychologique.

C'est aujourd'hui une théorie courante, de
considérer la conscience comme un tout complet
et absolu qui a son principe et sa fin en soi-même
et qui comprend l'ensemble de l'esprit humain.
Je soutiens que la conscience est un tout gradué,
qu'elle s'étend en zones variées, depuis l'inconscience pleine jusqu'à la conscience nette ; les
entités psychiques naissent du quasi-inconscient
et se développent jusqu'à la conscience-volonté ;
rien donc ne s'improvise dans la conscience-
volonté. La conscience, dans son ensemble, est
comme un grand plan légèrement incliné, dont

la ligne la plus haute est l'inconscient involontaire, et dont la dernière ligne est la conscience-volonté ; tout ce qui tombe sur la partie haute tend à glisser, par l'inclinaison du plan, jusqu'à la dernière ligne. L'ensemble de la conscience pourrait aussi se comparer à la consultation médicale d'un grand spécialiste ; les antichambres sont les zones de la subconscience où les idées s'accumulent dans la pénombre, passent leurs cartes de visite, se sentent, se règlent, conversent, délibèrent, méditent, espérant toujours que va venir leur tour d'être admises une à une à la réception ; toutes ne peuvent entrer d'un coup dans ce « champ de l'attention », parce qu'elles n'en sont pas capables ; beaucoup ne sont pas reçues et restent inutilement à attendre, ou s'en vont.

L'amalgame de la subvolonté avec la subconscience, comme si elles étaient les deux aspects d'un même et unique phénomène, se fonde sur les arguments que j'ai employés dans le chapitre antérieur pour démontrer l'unité psychique de la conscience et de la volonté, que les psychologues séparent artificiellement.

Les expressions *perceptio* (une perception qui n'a pas encore passé à la conscience) et *aperceptio* (une perception qui y a passé), de Leibnitz, et « seuil de la conscience » (*Schwelle des Bewusstseins*) et défilé de la conscience » (*Enge des Bewusstseins*), de Herbart, sont de lumineux antécédents de l'école intellectualiste pour la doctrine de la subconscience-subvolonté. Nous verrons bientôt ceux de l'école physiologique. On pourrait dire que la doctrine de la subconscience-subvolonté, qui est un aspect de celle que l'on a nommée *instinctiste*, est un champ neutre de manœuvres pacifiques pour intellectualistes et physiologistes ; il est possible que là se refondront, dans la science de l'avenir, les vérités conquises pour la psychologie par toutes les écoles philosophiques qui se trouvent aujourd'hui en un antagonisme apparent.

La doctrine de la subconscience-subvolonté a ses bases scientifiques, qui pourraient se classifier en :
1° Biologiques ; 2° physiologiques ; 3° psychologiques ; 4° pathologiques ; 5° sociologiques ; et le fait de l'existence de cette subconscience-subvolonté est susceptible d'être prouvé par d'innombrables observations.

Nous verrons d'abord ces bases scientifiques, puis ensuite ces observations.

I. *Bases biologiques.* — Le principe de l'anthropomorphisme et de la sélection des espèces, tel que l'a exposé Darwin, a laissé quelques lacunes que ses successeurs se sont occupés de combler. Une de ces lacunes est comblée par l'hypothèse qu'a esquissée Hering et adoptée Haeckel, de « la mémoire considérée comme une fonction générale de la matière organisée ». Hering dit qu' « à la mémoire nous devons tout ce que nous sommes et ce que nous avons ». « Nous restons convaincus, ajoute Haeckel, que sans l'hypothèse d'une mémoire inconsciente de la matière vivante, les plus importantes fonctions sont en somme inexplicables. La capacité d'avoir des idées et de former des concepts, le pouvoir de la pensée et de la conscience, de l'exercice et de l'habitude, de la nutrition et de la reproduction, reposent sur la fonction de la mémoire inconsciente, dont l'activité a une valeur infiniment plus grande que celle de la mémoire consciente ». « Ce n'est pas comme une fonction générale de toute matière organisée, mais seulement comme une fonction de la matière réellement vivante, du plasson, que nous devons considérer la mémoire. Tous les produits du plasson, toutes les parties organisées de l'organisme, formées par le protoplasma et par le nucléus, mais non actives par elles-mêmes, manquent de mémoire aussi bien que toutes les substances inorganiques. A la rigueur, et conformément à notre théorie des plastides, le groupe des substances plassiques est seul doué de la mémoire : seules, les plastidules sont douées du pouvoir de reproduction, et cette mémoire inconsciente des plastidules détermine leur mouvement moléculeux caractéristique [1] ».

II. *Bases physiologiques*. — Toute théorie géné-

1. Ernest Haeckel, *Essais de psychologie cellulaire*, traduction Jules Soury, p. 45; 1880.

rale sur l'hérédité psycho-physiologique nous offre un champ scientifique pour la doctrine de la subconscience-subvolonté. Une fois établi le principe que « la nature ne fait pas de sauts », de ce principe découlent deux axiomes fondamentaux : pour l'évolution philogénétique, celui de la sélection des espèces ; pour l'évolution ontogénétique, celui que « la fonction crée l'organe ». Il est démontré que, à travers l'échelle zoologique, des fonctions et des organes qui eurent, à l'origine, une importance capitale, sont, pour avoir acquis une forme plus élevée que la forme ancestrale, relégués comme superflus dans une catégorie de demi-atrophie.

Il n'est pas possible de supprimer *ipso facto,* chez l'animal et dans l'espèce, des fonctions et des organes qui n'ont plus une utilité présente, qui ont été actuellement remplacés par d'autres fonctions et d'autres organes plus parfaits. Depuis le premier jour où l'homme commença à user de ses mains en forme de cavité sonore pour mieux entendre les bruits affaiblis par la distance, ne purent disparaître les muscles qui auparavant faisaient mouvoir ses oreilles au même effet, et qui s'étaient peu à peu atrophiés par le manque d'exercice ; et cela est si vrai, qu'aujourd'hui encore, par atavisme, quelques hommes peuvent mouvoir leurs oreilles comme les anthropoïdes. D'autres fois, une fonction ayant disparu sous son ancienne forme à travers l'espèce, l'organe qui demeure

vacant, pour parler ainsi, est employé à de nouvelles fonctions. C'est la règle la plus générale
dans l'évolution du système nerveux ; il s'opère
quelque chose comme une substitution de fonctions psycho-physiques. Ainsi, le rhinencéphale,
qui est l'organe cérébral le plus développé de
l'odorat chez les marsupiaux, mammifères inférieurs et sans défense dont les principales fonctions psychiques sont olfactives, va se transfor-
mant plus on monte l'échelle zoologique ; et
chez l'homme, dont l'odorat est faible et très
accessoire dans la vie psychique, cet antique rhinencéphale ancestral vient à faire partie de l'organe du langage, comme le langage vient à lui
substituer, — et combien avantageusement ! —
par l'échange intellectuel des idées, toutes les
appréciations éloignées d'origine olfactive.

Une fois établie l'existence de zones ou régions
dans la conscience, qui de l'inconscience absolue
arrivent jusqu'à la conscience absolue du *moi*, il
n'est pas acceptable que les phénomènes psychiques conscients, par l'atrophie provenant du
manque d'exercice ou par suite de leur remplace-
ment ou suppression d'emploi, passent à travers
l'espèce tout à coup, d'un saut, d'un extrême à
l'autre, de la pleine conscience à la pleine inconscience. Il n'est pas scientifique de supposer qu'un
phénomène conscient, en se reléguant dans la sélection à la catégorie d'épiphénomène, saute sans
transition de la conscience à l'inconscience, quand

il existe une région intermédiaire, la subconscience, ou subconscience-subvolonté. Cet argument a déjà été présenté d'une façon mémorable par Lewes : « Si la conscience, telle qu'elle se trouve actuellement constituée chez l'homme, est accompagnée d'un système nerveux qui a passé dans l'espèce à travers une large évolution durant laquelle quelques organes du système nerveux humain, qui n'ont pas maintenant d'activités conscientes, furent auparavant des organes plus importants et le siège de processus psychiques, on peut admettre que la conscience est limitée chez l'homme aux parties les plus complexes du système cérébro-spinal ; mais il est plus probable que les centres inférieurs aussi possèdent une conscience propre, une subconscience, de laquelle nous ne nous rendons pas compte. En pareil cas, le cerveau serait le général en chef qui commande à toute la hiérarchie de consciences qui lui sont subordonnées [1] ».

On peut faire à la théorie de Lewes deux objections sérieuses :

1° Des témoignages de la physiologie et de la psychologie (observation interne) il ressort que la subconscience-subvolonté est, pour employer ce terme, qualificativement indivisible, bien qu'elle présente une graduation lente d'une plus grande à une moindre intensité quantitative.

---

1. *Problems of Life and Mind*, 3ᵉ série.

2° De même qu'on admet que les vieilles fonctions de la conscience qui s'atrophient passent à la subconscience, on pourrait admettre que les nouvelles fonctions psychiques qui s'acquièrent dans la sélection commencent, avant d'arriver à la conscience, dans la subconscience.

Je pense donc que la théorie de l'hérédité psychologique pourrait être formulée d'une manière plus étendue, et je proposerais, à cet effet, cette double loi réciproque dans l'évolution des espèces : *d'anciennes fonctions psycho-physiques, auparavant conscientes, et qui vont en s'atrophiant graduellement, passent à la subconscience avant de se perdre dans l'inconscience, et, à l'inverse, de nouvelles fonctions qui s'acquièrent lentement commencent dans la subconscience, avant d'entrer dans la conscience.*

III. *Bases psychologiques.* — Les bases psychologiques de la doctrine de la subconscience-subvolonté sont : 1° ce que j'appellerai le postulat du nexus psycho-physique ; 2° les faits dont s'occupe la philosophie de l'inconscient.

a) Tout induit à admettre que *dans l'acte réflexe le plus simple se produit par annexe un mouvement psychique correspondant, conscient ou subconscient.* C'est dire que l'acte réflexe est seulement mécanique, physique en apparence, et en réalité mécanique et psychique, physiologique et psychologique, c'est-à-dire psycho-physique. Si l'on a négligé jusqu'à présent le nexus psychique,

c'est parce que le sujet n'a pas une pleine conscience (*ein reines Bewusstsein*) de lui, mais une
conscience relative, ou subconscience.

En effet, les physiologistes définissent l'acte
réflexe comme un « automatisme nerveux »,
comme un mouvement exclusivement mécanique
du système nerveux.

On a démontré qu'à tout acte psychique correspond un mouvement nerveux. En mettant la
phrase au passif, un mouvement psychique ne
correspondra-t-il pas à tout acte nerveux ? On admet le nexus psycho-physique en tout acte psychique : ne devrait-on pas l'admettre aussi en tout
acte nerveux ?

Wundt, discutant les hypothèses de l'idéalisme
et du matérialisme, observe, en se référant aux
plantes, que parce qu'on n'a pu découvrir en elles
un psychisme commençant, cela ne doit pas nous
induire à nier *a priori* l'existence possible de ce
psychisme. Cette remarque peut s'appliquer, avec
plus de raison, aux mouvements réflexes inférieurs du système nerveux animal. De ce que
jusqu'ici on n'a pu découvrir en eux leur nexus
psychique, cela ne doit induire personne à nier
leur existence possible, même probable. Haeckel
est arrivé à affirmer l'existence d'un psychisme
rudimentaire dans les mouvements réflexes de
l'amibe ; Fechner, dans beaucoup de manifestations de la vie végétale.

L'erreur du vulgaire consiste à croire que tout

phénomène psychologique doit être conscient. Il
me paraît, à l'inverse, que, des phénomènes psychiques, c'est la minime partie qui est parfaitement consciente.

Si l'on arrivait à démontrer qu'à l'acte réflexe
le plus simple correspond un mouvement psychique, subconsciemment ou inconsciemment, la
philosophie évolutioniste màtérialiste moniste
spencérienne serait détruite par sa base, et passe-
rait dans la catégorie d'une pure hypothèse métaphysique mise au rebut par suite du progrès des
sciences. C'est ce que sera probablement demain
cette doctrine. Elle enseigne en effet que tout phénomène psychique est produit par une transformation progressive, qui va de l'homogène à l'hétérogène, de forces mécaniques. Son premier
fondement est le suivant : l'acte réflexe est purement mécanique ; l'acte réflexe est le principe de
tout psychisme ; tout phénomène psychique est
une transformation d'actes réflexes de plus en
plus compliqués. Donc, si l'acte réflexe est purement mécanique, tout phénomène psychique
n'est qu'une transformation de forces mécaniques.

Mais voici ce qu'on ne démontre pas, et que
cette philosophie donne pour démontré : dans
l'acte réflexe n'intervient-il pas aussi un élément
psychique inconnu? J'incline à croire qu'il
existe :

1º Parce que tout nous induit à admettre une
unité de phénomènes psycho-physiques, et alors,

si à tout acte psychique correspond un mouvement du système nerveux, à tout mouvement du système nerveux doit correspondre un acte psychique.

2° Parce qu'il existe un psychisme subconscient, dont l'hyperesthésie des hystériques, par exemple, donne des preuves lumineuses. Certains mouvements réflexes qui sont inconscients chez l'homme normal, deviennent conscients chez certains hystériques, comme celui cité plus haut de la sensation interne que produit le rouge. Donc cette sensation interne, plus qu'inconsciente, est subconsciente, puisqu'elle peut se porter avec une facilité relative vers le champ de la conscience, sur le seuil duquel elle attend. Ce n'est pas une aperception, mais c'est, quoique « obscure », une perception.

Contre ce psychisme commençant de l'acte réflexe, on peut objecter que, s'il se produit, il est un résultat ou conséquence de l'acte réflexe. Discuter cette question serait quitter de nouveau le terrain de la psycho-physiologie, pour entrer dans la région des hypothèses métaphysiques ; ce serait discuter la question de la prééminence de l'un ou de l'autre des deux éléments du nexus psychophysique, ce qui est indigne de la méthode scientifique et du sérieux doctrinal de la psychologie moderne.

On pourrait alléguer des arguments d'un autre ordre, comme celui qu'il est possible d'obtenir des mouvements réflexes dans des corps sans vie psychique, dans des cadavres. Ces mouvements s'obtiennent : ou artificiellement, comme l'expérience de la grenouille de Galvani, dont les nerfs servent de conducteurs électriques, cas dans lequel ils ne prouvent rien ; ou spontanément, comme dans certains mouvements de mammifères décapités, cas dans lequel l'objection est plus digne d'être réfutée. Il faut considérer, en effet, que la mort totale est supposée produite une fois qu'est paralysée complètement la circulation, mais que cette mort des systèmes vasculaire et musculaire n'amène pas la mort instantanée du système nerveux. Par conséquent, si un « cadavre » réagit par acte réflexe, c'est parce qu'il possède encore quelque vie dans son système nerveux. C'est la théorie qui me paraît la plus prudente et qui ne contredit en rien, certainement, ce que j'appelle le « postulat du nexus psycho-physique ».

b) L'observation interne a accumulé d'innombrables faits qui attestent l'existence d'opérations psychiques dont nous n'avons pas une parfaite conscience (*ein reines Bewusstsein*). Ces faits ont engendré le corps de doctrines que les psychologues allemands ont appelé « philosophie de l'inconscient ». Les Anglais se sont bornés à les appeler « actes de cérébration inconsciente », donnant la préférence à l'étude de tout ce qui met en évidence le phénomène psychique inconscient

de l' « association d'idées ». Ces faits et actes, en
écartant leurs théories plus ou moins fantastiques,
font partie aussi des bases psychologiques, bien
connues certainement de tout psychologue moderne, de ce que j'appelle doctrine de la subconscience-subvolonté.

IV. *Bases pathologiques.* — Bien que dans la
« philosophie de l'inconscient » se trouvent certains
fondements psychologiques (révélés par l'observation interne) de la doctrine de la subconscience-
subvolonté, celle-là et celle-ci ne pourraient jamais
s'identifier, l' « inconscience » et la « subconscience » étant deux concepts non seulement différents, mais presque opposés. Une doctrine qui
a de plus grands rapports avec celle que j'expose,
c'est la doctrine enseignée aujourd'hui par les
neuropathologistes de la Salpêtrière sur les « actes
subconscients de l'hystérisme ». En effet, quelque degré de nouveauté en psychologie générale
que suppose cette doctrine de la subconscience-
subvolonté, elle ne la supposerait pas également
en psycho-pathologie, après les intéressantes
expériences sur la « subconscience » des hystériques réalisées par Charcot et ses disciples, et les
théories qui en résultent [1].

1. Voir ces théories dans les ouvrages de M. Pierre Janet :
État mental des hystériques, ses accidents mentaux (1894),
et *Les stigmates mentaux* (1892). Cet auteur, docteur ès lettres
et docteur en médecine, offre un ensemble doctrinal de grande

La psycho-pathologie contemporaine est arrivée à découvrir qu'il n'existe pas une différence essentielle entre les phénomènes psychiques de l'hystérisme et la psychologie des hommes sains. Ce principe pourrait se formuler sous la forme suivante : les différences entre les phénomènes nerveux normaux et les phénomènes hystériques sont plus quantitatives que qualitatives. On dirait que la psychologie extravagante de l'hystérique est une caricature de celle du sujet normal.

Ainsi, la psycho-pathologie a démontré jusqu'à l'excès l'existence d'une subconscience chez les hystériques. Cette subconscience prend la forme d'une personnalité double, triple et quadruple, c'est-à-dire d'une série d'hypostases qui, en pleine conscience, s'ignorent les unes les autres. C'est le don des neurotiques que Wundt appelle, non sans ironie, « s'hypostaser » (hypostasiren).

La phénoménologie psychique des hommes normaux présente d'une façon si vague et si nébuleuse le fait de la subconscience-subvolonté, que quelques-unes des observations que je ferai plus loin pour le prouver pourront paraître imaginaires à des lecteurs pleins de préjugés scolastiques. Mais la phénoménologie de l'hystérisme révèle le

valeur, parce que, comme le dit son maître Charcot dans la préface du premier de ses livres, « il a voulu joindre aussi complètement que possible les études médicales aux études philosophiques : il fallait réunir ces deux genres de connaissances et ces deux éducations pour essayer d'analyser cliniquement l'état mental d'un malade ».

même fait d'une manière si évidente, si évidente comme caricature, que la doctrine de la subconscience-subvolonté s'affirme indéniable chez les hystériques.

Par conséquent, les bases psycho-pathologiques de la doctrine pourraient se synthétiser dans ce syllogisme : toute la phénoménologie de l'hystérique est scientifiquement applicable à l'homme normal ; la subconscience est le trait capital de la phénoménologie de l'hystérisme. Donc le phénomène de la subconscience est scientifiquement applicable à l'homme normal.

Il convient d'avertir que la théorie de la « subconscience des hystériques » résultant des expériences de la Salpêtrière, notablement exposée par M. Pierre Janet, se distingue sur plusieurs points capitaux de la doctrine de la subconscience-subvolonté *normale* que j'esquisse.

1° Cette théorie n'étudie la phénoménologie de la subconscience que dans l'hystérie, en la séparant de la psychologie générale, sans préciser si elle existe ou non chez les hommes sains. Or, c'est là l'objet de la seconde.

2° Si elle laisse parfois entendre que la subconscience existe chez les hommes sains, elle l'admet plus comme un hystérisme commençant que comme un fait normal. La seconde, au contraire, l'admet plutôt comme un fait normal que psychopathique.

3° Si la première arrive à admettre la subconscience chez l'homme sain, elle ne lui attribue pas d'importance. La seconde soutient que *tous* les actes conscients-volontaires s'élaborent dans la subconscience-subvolonté.

4° Celle-là considère comme des phénomènes typiques de la subconscience les actes commis dans un état pathologique qui pourrait s'appeler anesthésie totale psychique. Celle-ci n'attribue pas d'importance à ces actes très anormaux et en général artificiellement provoqués, et les considère non comme typiquement subconscients-subvolontaires, mais comme typiquement inconscients-involontaires.

5° La première cherche de préférence l'explication des phénomènes subconscients dans des perturbations locales, telles que celles des nerfs périphériques de la vue et du toucher. La seconde, dans la synthèse psychologique de l'homme normal, en donnant la prééminence à l'élément psychique sur l'élément physique.

V. *Bases sociologiques.* — Jusqu'ici, les bases scientifiques ainsi esquissées de la doctrine de la subconscience-subvolonté sont applicables, sauf peut-être les bases pathologiques, à toute l'échelle animale, et pourraient s'étendre hypothétiquement à toute la matière animée ; les bases sociologiques sont exclusivement relatives à l'homme. Mais ces dernières bases, si elles ne se référaient aussi à

des principes biologiques généraux et à une connaissance scientifique de la psychologie et de
l'histoire, pourraient paraître des déformations
fantaisistes commodes de faits que l'auteur arrange
en vue de sa doctrine.

Nous verrons dans les chapitres postérieurs que
la psychologie humaine est en tout semblable à
celle des autres animaux supérieurs, sauf en ce
que j'appelle son *aspirabilité*, l'impulsion subjective vers l'au-delà ; que la manifestation de cette
faculté humaine par excellence est le progrès, et
que son *modus operandi* se traduit dans la loi des
réactions par contrastes. Dans la vie des individus,
chaque âge — enfance, adolescence, jeunesse,
maturité et vieillesse — a son caractère qui con-
traste avec celui de l'âge précédent. Dans la vie
des peuples, aux castes sacrées du brahmanisme
succède le nirvana du bouddhisme ; à l'esclavage
antihumain du paganisme, l'égalité fraternelle du
christianisme ; à la barbarie gothique, la sensibilité romantique, etc.

Ainsi, ces réactions par contrastes ne sont pas
des transformations lentes, connues, mesurées,
conscientes : ce sont des impulsions violentes,
imprévues, capricieuses, dont la véritable tendance
a été ignorée chez ses fauteurs, et est presque inconsciente chez ses héros. C'est-à-dire, subconsciente.
La Renaissance, ou la Réforme, ou la Révolution
française, par exemple, réagissant respectivement
contre l'artificialité scolastique, le dogmatisme

papal et la monarchie absolue, sont des improvisations apparentes dans la conscience des peuples, qui n'ont cessé, à leur insu, d'accumuler des faits et des passions dans leur subconscience. A l'instant où ces accumulations séculaires atteignent ce que j'appellerai le point de résistance de la subconscience-subvolonté, point où elles comblent leur mesure, les idées subconscientes des foules s'efforcent de franchir le seuil de la conscience ; les humanistes parlent, les évoquent magiquement, et elles commencent à défiler, une à une, avec une activité insolite, à travers le champ de la conscience : le mouvement social éclate, comme une explosion soudaine.

CHAPITRE VIII

Observations pratiques au sujet de l'existence
de la subconscience-subvolonté.

En appliquant les six bases posées dans le chapitre qui précède, on peut présenter d'innombrables observations tendant à démontrer pratiquement l'existence de la subconscience-subvolonté. En voici quelques-unes, prises au hasard :

Iʳᵉ OBSERVATION. — *Les activités de la vie végétative* (qui sont inconscientes ou presque inconscientes) *produisent des états émotionnels conscients, c'est-à-dire capables d'agir sur la volonté.*

Le vulgaire sait bien qu'une digestion facile produit un état de félicité aimable, et que le caractère d'un dyspepsique s'aigrit avec ses mauvaises digestions. Cependant, les digestions font partie de la vie végétative inconsciente, et la bonne ou mauvaise humeur de la vie émotionnelle consciente. Ce simple lien confirme l'observation faite.

Mais quelques physiologistes contemporains

vont beaucoup plus loin. James et Lange arrivent à soutenir que « les émotions ne dépendent pas seulement des conditions physiologiques, mais plus profondément des actions chimiques qui s'effectuent dans les tissus et les liquides de l'organisme ».

Il y a des substances excitantes, toniques, déprimantes, toxiques (vin, alcool, haschich, opium, morphine, coca, les aphrodisiaques, etc.), qui influent puissamment sur le « milieu intérieur », et, par conséquent, sur le caractère, l'intensité et la direction des passions.

Ces substances-là sont des produits artificiels qui se mêlent au corps ; mais il y a des substances que l'organisme fabrique et modifie par lui-même. Le corps est un grand laboratoire de poisons. Les états émotionnels exercent une influence sur la quantité et la qualité du sang (anémie, aglobine, paludisme). La locution populaire : « ils empoisonnent le sang », est exacte. Colère, crainte, fatigue, modifient le sang et la sueur. Les rapports entre certaines affections cardiaques et les dispositions affectives sont bien démontrés : chez les aortiques, anémie, excitation, irritabilité ; dans l'insuffisance mitrale, congestion, humeur taciturne et mélancolique. La sécrétion urinaire donne un fort contingent de modifications chimiques (azoture, oxalurie, phosphature, etc.), qui coïncident avec des variations dans l'ordre affectif, telles que l'irritabilité, l'appréhension, la mélancolie[1]. Et comme ceux-ci, la pathologie nous fournit des données à l'infini.

La question à élucider est celle-ci : ces facteurs physiologiques (et en premier lieu les actions chimiques) sont-ils cause de ces états émotionnels, ou les états émotionnels sont-ils cause de ces phénomènes physiologiques ?

Les opinions se divisent en la *thèse physiologique* et en la *thèse intellectualiste*, selon qu'elles acceptent la première ou la seconde alternative du dilemme. MM. Ribot, Lange et James se rangent à la première ; Herbart à la seconde. J'incline à penser que l'une n'exclut pas l'autre ; qu'il y a des états psychologiques (pathologiques) produits par des idées que l'homme emprunte de l'extérieur, et qu'il y a des états émotionnels produits par une intoxication que l'homme effectue de lui-même ou mêle à son corps. Les deux faits sont confirmables. Pousser à l'extrême les arguments de l'une et de l'autre thèse est, à mon avis, quitter le champ scientifique et expérimental pour entrer dans la région de la métaphysique, scruter les premières causes de la vie, discuter les hypothèses du matérialisme et de l'idéalisme. Le seul procédé

---

1. Voir Th. Ribot, *La psychologie des sentiments*, p. 122 ; Paris, F. Alcan ; — Bouchard, *Leçons sur les auto-intoxications* et *Leçons sur les maladies par ralentissement de la nutrition* ; — Régis, *Traité des maladies mentales*, pp. 112, 415, 423 ; — Féré, *Pathologie des émotions*, p. 264 ; Paris, F. Alcan.

scientifique me paraît consister à établir la priorité ou la majeure importance, pour les états émotionnels, des *intoxications intellectuelles* (qu'on me permette cette expression comme graphique) et des *excitations organiques*. Un fait certain, c'est que la science n'est pas encore assez avancée pour établir une statistique des émotions et comparer leurs effets.

2° OBSERVATION. — *Les sensations conscientes produisent des émotions subconscientes.*

De récentes investigations dynamométriques, spécialement celles de M. Féré, appliquées à toutes les espèces de sensations, — à l'odorat, au goût, à la vue, au toucher, à l'ouïe, — ont démontré indubitablement ce principe. La vue, modifiée par des lentilles qui détiennent les principales couleurs du spectre, nous donne entre autres ces résultats : le rouge produit une pression dynamométrique de 42, qui descend progressivement avec le violet. Toutefois, dans le champ des sensations conscientes de l'homme sain, à la différence de certains hystériques et de certains animaux que le rouge irrite, la vue des couleurs ne produit aucune altération. Donc, les altérations que marque le dynamomètre sont des sensations subconscientes. Pour les sensations auditives, M. Féré trouve que l'équivalent dynamique est en rapport avec l'amplitude et le nombre de vibrations. Les mouvements produisent des résultats semblables :

l'exercice d'un membre inférieur ou supérieur exerce une influence dynamogénique sur le membre correspondant.

Mosso, qui a pu étudier directement la circulation sanguine du cerveau chez trois sujets dont les crânes avaient été brisés par divers accidents, a constaté que le seul fait de regarder avec attention un de ses patients, que l'entrée d'un étranger et autres incidents sans importance, qui jamais ne produisent d'émotions conscientes, élevaient immédiatement la pulsation cérébrale.

Ici surgit une difficulté : la notion de la sensation subconsciente. Pour le vulgaire, toute sensation est consciente ; si elle ne l'est pas, elle cesse d'être une sensation. Mais, pour le psycho-physiologiste, l'existence d'entités psychiques qui possèdent la nature essentielle des sensations, et qui, cependant, échappent au domaine de la conscience-volonté (ici, de l'attention), est évidente. Comment les appeler ? Présentations serait peut-être le véritable terme pour désigner ces sensations subconscientes, parce qu'elles sont antérieures aux sensations conscientes et tendent à les déterminer en vertu des lois psychologiques exposées au chapitre V ; mais elles n'arrivent pas toujours à les déterminer, comme si elles ne possédaient pas toujours une suffisante force impulsive.

3e OBSERVATION. — *Une perception inaperçue par*

la conscience produit des sensations latentes ou subconscientes.

M. Féré est arrivé à établir par des expériences délicates et minutieuses qu' « une excitation inaperçue par la conscience détermine des effets dynamiques, comme une impression consciente ».

Dans l'observation antérieure s'énonce une question obscure : la sensation subconsciente ; dans celle-ci, une question plus obscure encore : les *perceptions non perçues par la conscience.* Ces phénomènes, qui se présentent d'une façon assez vague chez les hommes sains, deviennent clairs quand on étudie les hystériques, quoiqu'on ne puisse supposer par là, pour les raisons alléguées plus haut, qu'ils sont pathologiques ou qu'ils ont plus d'importance chez ceux-ci que chez ceux-là. Ce sont des phénomènes animaux, inséparables de la vie individuelle et de la sélection des espèces, mais qui, par leur nature même, passent presque inaperçus chez les individus sains, et peuvent arriver à se mettre lumineusement en évidence chez certains malades. Par conséquent, aux psychiatres revient l'honneur d'avoir réalisé les plus concluantes investigations dans le champ de la subconscience, qui jusqu'ici avait à peine été pressenti vaguement par les psychologues et les physiologistes. Ainsi donc, dans l'observation suivante, inspirée par les expériences de la Salpêtrière et qui n'est qu'une notion corollaire des deux observations précédentes, je préciserai dans la mesure possible la double notion des sensations subconscientes et des *perceptions non perçues par la conscience.*

4ᵉ OBSERVATION. — *Le sommeil et le somnambulisme sont des phénomènes subconscients et même hyperconscients.*

Généralement, le sommeil est un état de repos et d'inconscience qui ne présente pas de caractères psychologiques attirants. Mais parfois, dans cet état, des sensations à idées subconscientes arrivent au champ de la conscience. Il n'est pas rare qu'un homme de tempérament nerveux se rende compte, durant le sommeil, de nombreuses activités qui, dans la veille, sont subconscientes. Les médecins ont parfois affaire à des malades qui les consultent au sujet d'affections encore latentes, et que ceux-ci ont entrevues par des sensations et des idées aperçues durant le sommeil, particulièrement dans cette période de demi-sommeil et de demi-veille qui précède le réveil ; et si le médecin consulté ne se livre pas à un examen des plus attentifs, il trouve saine une personne chez qui vient à se révéler plus tard la maladie dont la préparation subconsciente s'annonça si mystérieusement. Je connais de source certaine le cas d'un sujet de tempérament nerveux qui, durant le sommeil, par des sensations subconscientes dans la veille, pressentait clairement qu'il devrait bientôt subir une sérieuse opération chirurgicale ; ce pressentiment étant devenu chez lui une idée fixe, et comme il craignait d'avoir hérité de son père ou de sa mère une affection du cœur qui ne lui permettrait pas de supporter le chloroforme, il alla consulter deux ou trois spécialistes pour apprendre d'eux si son cœur serait en état de résister. Cette consultation insolite étonna beaucoup ces divers médecins, car il s'agissait d'un homme robuste qui ne souffrait en apparence absolument d'aucune infirmité ; l'examen le trouva complètement indemne de tout mal. Mais, quinze jours plus tard, il s'éveilla un matin avec de la fièvre et des douleurs violentes, — cette fois bien conscientes ! Il s'était formé chez lui une tumeur interne qu'il fallut rapidement opérer ; le sommeil lui avait apporté auparavant à la conscience certains malaises très vagues relatifs aux débuts de son infirmité, malaises auxquels il avait été absolument insensible durant la veille et desquels il avait induit, par un acte de « cérébration inconsciente », la possibilité d'une prochaine opération chirurgicale.

L'adage espagnol : « consulter son oreiller », peut se traduire psychologiquement ainsi : attendre que durant le sommeil se produise une série d'observations subconscientes relatives à la préoccupation dominante, et qui l'éclaircissent, au réveil, par des conséquences conscientes.

On connaît le phénomène en vertu duquel certains somnambules déploient dans le sommeil des aptitudes, une prudence et des connaissances qu'ils ne possèdent pas dans la veille. Ce phénomène peut induire à croire que le somnambulisme est capable de manifester une espèce d'HYPERCON-SCIENCE SUBCONSCIENTE.

Pour l'explication des phénomènes hypnotiques, on attribue à Taine, Max, Moll, M. Pierre Janet, l'adoption du principe occultiste de la double conscience. Pour Wundt, cette doctrine est de pure souche mystique ; l'idée d'une « conscience inconsciente implique une de ces *concidentiae oppositorum* qui sont si bien venues du mysticisme : la théorie d'une double personnalité se lie directement à l'antique croyance aux démons qui possédaient les hystéro-épileptiques. L'hypnose a une explication locale dans le système nerveux ; ce n'est pas une accentuation de phénomènes normaux, mais une modification ; il doit exister une région centrale déterminée qui exerce les fonctions d'un centre aperceptionnel (*Aperceptionscentrum*), dont le siège se trouvera probablement dans l'écorce du lobe frontal ; les phénomènes hypnotiques ne seraient que des arrêts fonctionnels de ce centre ».

La doctrine de la double personnalité me paraît aussi fantastique que celle du centre aperceptionnel me paraît incomplète, pour expliquer la très vaste phénoménologie de la subconscience-subvolonté.

Si la subconscience *in integrum* est une entité

graduée depuis l'absolue inconscience, les phénomènes latents auxquels on fait allusion ne sont
pas proprement inconscients : ils sont gradués
depuis l'inconscience. En outre, pour Wundt, « la
latence est en physio-psychologie un phénomène
anormal, provoqué dans le soi-disant somnambulisme ; c'est un arrêt psychique contraire aux lois
psychologiques d'accroissement, d'évolution et de
contrastes psychiques ». C'est-à-dire, de la veille.

Pour la doctrine que j'expose, la suggestion et
l'hypnotisme, le soi-disant somnambulisme, ne
signifient pas non plus *en soi* une phénoménologie
extraordinaire ; ce ne sont que des phénomènes
physio-psychiques communs. Mais je crois que
dans ce soi-disant somnambulisme se manifestent
plus et mieux que dans la veille certaines perceptions et opérations mentales obscures. Le *rétrécissement de la conscience* étudié à la Salpêtrière
et la *concentration de la conscience* soutenue par
Wundt comme explication psychologique de
l'hypnose, ne sont que des situations anormales
révélant des régions de la subconscience qui, à
l'état normal, ne peuvent se révéler. D'autre part,
expliquer le tout par le centre d'aperception serait
s'exposer, en niant le caractère inconnaissable du
nexus psycho-physique, à l'absurdité d'affirmer
comme vérité démontrée l'hypothèse métaphysique du matérialisme moniste. De toute façon,
la théorie de Wundt sur la suggestion et l'hypnotisme est une explication partielle, mais très claire,

de ces phénomènes, qui se base, je pense, sur quatre principes acceptables : le centre d'aperception, la balance fonctionnelle du système nerveux, les compensations neurodynamiques et vasomotrices, et l'association des idées qui s'amalgament, chaque idée donnant une *partie* de soi. Cette théorie démontre que la suggestion et l'hypnotisme ne sont que des applications de principes physio-psychologiques connus, et qui ne révèlent aucune phénoménologie extraordinaire. Effectivement; mais le même Wundt les explique par le principe de la balance fonctionnelle, selon lequel des conditions physiologiques déterminées déterminent la latence *(Latenz)* psychique, c'est-à-dire l'arrêt latent et les énergies latentes [1]. Néanmoins, que sont cette latence psychique, cet arrêt latent, ces énergies latentes, sinon des phénomènes subconscients-subvolontaires? Et je trouve une véritable supériorité compréhensive dans le terme de subconscience-subvolonté par rapport à celui de latence; parce que latence ne signifie pas une graduation et des nuances psycho-physiques qui vont et viennent de la conscience-volonté jusqu'à l'inconscient-involontaire.

5ᵉ OBSERVATION. — *L'insensibilité des femmes hystériques n'est pas inconscience, mais subconscience.*

1. *Hypnotisme et suggestion*, p. 85.

Ce phénomène est celui que beaucoup de psychiatres modernes appellent obscurément « caractère contradictoire des anesthésies d'origine hystérique[1] ».

6e OBSERVATION. —. *L'hérédité psychologique parait transmettre parfois quelque chose de plus que des prédispositions : des idées innées plus ou moins subconscientes.*

L'expérience démontre qu'on hérite de quelque chose de plus que de prédispositions psychiques : de véritables émotions et même d'idées latentes.

La différenciation entre une prédisposition psychologique héritée et un sentiment ou idée latente hérité est facile et claire en théorie ; mais dans la pratique l'un et l'autre concept arrivent jusqu'à s'identifier.

Vingt siècles d'hérédité psychologique chrétienne donnent à l'homme normal moderne un sédiment *né* de sentiments moraux déterminés, que seule la dégénérescence peut effacer. C'est pourquoi l'on dit que les dégénérés sont, en conséquence, des fous moraux. Ce phénomène de l'hérédité psychique chrétienne est à mon avis, comme je l'ai dit, le même que Kant appelait, en le donnant pour base à la morale, l' « impératif caté-

1. L'école de Charcot présente à cet égard des cas très abondants et diverses explications acceptables, dont l'exposé demanderait trop de place. — Voir Pierre Janet, *Les stigmates mentaux*, p. 27 et suivantes.

gorique de la raison ». L'impératif catégorique de
la raison est donc l'hérédité psychologique. On
l'appellerait à plus juste titre *impératif catégorique
d'une hérédité psychique à l'état subconscient.*

J'ai pu observer deux jeunes garçons identi-
quement élevés dans la morale chrétienne par une
honorable et modeste femme de mon pays : l'un
était un petit Indien orphelin recueilli dans une
tribu pampa, et l'autre un Argentin, orphelin
aussi, de pure origine européenne ; tous deux
sains, normaux et intelligents, chacun par rapport à sa race. Eh bien ! en dépit de ses efforts,
c'est chez le blanc seul que l'éducatrice parvint à
éveiller les sentiments de la charité chrétienne ; le
petit Indien ne put jamais comprendre l'esprit de
son catéchisme, et il n'y eut pas moyen de cor-
riger ses instincts de vol et de pillage, de dissimu-
lation et de vengeance. La mère adoptive suppo-
sait, très affligée, que c'étaient là de « mauvais
instincts » incorrigibles, un caractère exceptionnel
de dégénéré, de fou moral ; et cependant, selon
l'impératif catégorique de son hérédité psychologique, ce petit Indien possédait un fond aussi
moral que son frère adoptif blanc. Examiné, en
effet, par divers médecins aliénistes, ceux-ci affir-
mèrent qu'il n'avait pas de stigmates de dégénérescence. Les bons traités d'hérédité psychologique
abondent en exemples semblables.

7ᵉ OBSERVATION. — *Les phénomènes de sugges-*

tion, en d'autres termes : *les sensations et idées acquises et les actes exécutés par suggestion* (normale ou hypnotique) *sont plus ou moins subconscients.*

Qu'est-ce que la suggestion ? Le vulgaire appelle ainsi l'acte d'un maître qui inculque impérieusement à ses élèves ses propres idées. Le psychiatre appelle ainsi un phénomène anormal par lequel sont suggérées dans l'esprit et le corps d'un hystérique les idées d'une personne étrangère, mais d'une manière absolue, au point que le patient oublie ses sensations réelles pour les sentir seulement par rapport à celui qui les lui impose. Mais comment distinguer le phénomène psychologique normal du phénomène pathologique ? Cette question n'a pas jusqu'à présent reçu de réponse satisfaisante de la part des psychiatres, qui tendent à supposer que, plus que qualitative, cette différence est quantitative. Il convient d'établir ce fait, parce qu'ainsi la suggestion hypnotique des hystériques précisera des phénomènes de la suggestion normale, phénomènes qui dans la vie pratique se présentent si vaguement, que la suggestion paraît une supposition aventurée de l'observateur. En droit pénal, en politique et en pédagogie, la suggestion normale est un élément digne de la plus sérieuse étude.

Toutes les sensations et idées acquises et les actes exécutés par suggestion sont plus ou moins subconscients. Dans la suggestion normale, ce fait est très difficile à prouver. Combien de fois les magistrats qui jugent un crime ont au fond la conviction que l'acte délictueux a été suggéré par un tiers, et que, par conséquent, l'auteur l'a exécuté subconsciemment, presque involontairement ! Et cependant ils ne trouvent pas de termes scientifiques pour exprimer cette circonstance atténuante, si grave au fond et si vague dans la forme.

En revanche, dans la suggestion des hystériques, le phénomène est lumineux, au point que la psychiatrie moderne admet que les actes qui s'exécutent par suggestion hypnotique sont subconscients.

8ᵉ OBSERVATION. — *Chez certains sujets exceptionnels l'hypnose révèle l'existence d'une subconscience plus lucide que la conscience même, et qui pourrait s'appeler hyperconscience. En d'autres termes : certains sujets exceptionnels qui parviennent à extérioriser subconsciemment le champ de leurs perceptions, sens tion et idées subconscientes, semblent posséder alors une « double vue » plus puissante que leur vue consciente.*

Nous entrons ici sur un terrain dangereux : 1° parce que l'imagination humaine a vu toujours dans ces phénomènes des démonstrations du surnaturel ; 2° parce que la vanité de ces sujets exceptionnels a ajouté aux phénomènes véridiques des simulations inconscientes ; et 3° parce que le charlatanisme a dénaturé ces phénomènes et parodié ces sujets. Je me réfère donc à cet ensemble obscur de *faits* de révélation divine, de divination hypnotique, d'occultisme, de spiritisme et de fakirisme, que la science n'a pu encore expliquer ni peut-être classifier. Souvent il a été plus commode de les nier. Cependant l'histoire et la vie actuelle, le passé et le présent, nous offrent continuellement de nouveaux faits merveilleux qu'il n'est pas possible de rejeter, surtout quand ils nous sont attestés d'une manière digne de foi. Charcot, Richet, Wundt, Fechner, Weber et Lombroso ont observé des « cas » très singuliers. Des nombreux hommes de science qui se sont rendus exprès aux Indes pour étudier le fakirisme, aucun n'a affirmé que tout en lui est imposture, bien que, pour ceux qui ne l'ont pas observé *de visu*, il s'enveloppe dans un nuage d'incrédulité.

Il est évident que ces phénomènes se produisent dans le subconscient. On a cherché à les expliquer par la suggestion hypnotique et par l'auto-suggestion. Je crois que la suggestion hypnotique et l'auto-suggestion ne sont que des formes de manifestation des phénomènes, mais qu'elles ne donnent pas la clef de leur nature. Elles sont ce qu'est la parole aux sensations intimes : la parole est une manière de les révéler à des tiers, mais elle ne constitue pas ces sensations, qui existent en elles-mêmes.

Je ne crois pas utile de décrire ici ces phénomènes. Mais la prudence scientifique, laissant de côté les superstitions, les fraudes inconscientes et

le charlatanisme, peut bien en extraire ce principe :
que certains sujets exceptionnels arrivent à extérioriser une partie inconsciente de leur âme, qui
est plus précise, plus puissante et même plus lu-
mineuse que leur intelligence consciente. On peut
même arriver à affirmer qu'elle possède une péné-
tration divinatoire impossible dans l'intelligence
consciente, dans la conscience-volonté. Cette
puissance intellectuelle plus grande de la subconscience, s'il est possible, évoqua jadis dans l'imagination le monde souterrain des gnomes, qui,
selon la légende, étaient de petits nains à longue
barbe blanche, beaucoup plus habiles en leur art,
surtout en l'art de travailler l'argile et les métaux,
que les hommes. Lorsque quelqu'une de leurs œuvres passait par hasard des sombres cavernes à la lumière du jour, c'était pour provoquer l'étonnement
et l'admiration de ceux qui la voyaient ; lorsqu'ils
collaboraient à une entreprise humaine, ils l'embel-
lissaient avec une perfection surhumaine, comme
la cathédrale de Cologne, par exemple, à l'exécution de laquelle aidèrent en première ligne,
travaillant la nuit en cachette, quelques bons
gnomes du pays, les Heinzelmännchen. Accablés
sous le poids du rude labeur du jour, les ouvriers
laissaient inachevées, au crépuscule, les difficiles
arabesques gothiques ; en reprenant leur travail
le lendemain, ils trouvaient terminés par des col-
laborateurs invisibles tous ces objets si délicats,
cryptes, chapiteaux, griffons et grandes rosaces.

CHAPITRE IX

Observations pratiques au sujet de l'existence
de la subconscience-volonté (Suite).

9ᵉ OBSERVATION. — *Les actes impulsifs obéissent*
fréquemment à un état préparatoire subconscient.

Nous savons tous qu'en certaines occasions les
hommes se livrent tout à coup à des actes impulsifs qui révèlent d'une manière très nette leur
nature intime. L'homme bon est susceptible
d'actes impulsifs généreux ; l'homme méchant,
d'actes égoïstes ; l'homme capable, d'impulsions
ingénieuses ; le faible d'esprit, de maladresses.
Cependant, si ces actes étaient inconscients-
involontaires, comme ils le paraissent, pourquoi
l'homme maladroit ne subirait-il pas d'impulsions ingénieuses, comme l'âne de la fable qui
joua par hasard de la flûte ; l'homme intelligent,
d'impulsions maladroites ; le méchant, de bonnes ;
le bon, de mauvaises ? C'est que ces impulsions
ne sont pas accidentelles, mais sont déterminées
par des forces subconscientes ; elles ne sont pas
des actes inconscients-involontaires, mais des
actes subconscients-subvolontaires.

Lombroso a comparé les actes impulsifs criminels à des attaques hystéro-épileptiques. Je pense que les actes impulsifs moraux, généreux, excellents, présentant les mêmes symptômes psycho-physiologiques que ceux-là, ont le même droit à être comparés à des attaques hystéro-épileptiques, et même à leur être presque assimilés. L'intrépidité de l'amiral Villeneuve à Trafalgar ou de Napoléon à Austerlitz, la passion investigatrice de Socrate, de Galilée ou de Newton, sont des actes aussi impulsifs que les crimes de Jack l'Éventreur, le fameux bandit de Londres. Je pense une fois de plus que la différence est plus quantitative que qualitative.

Les psychiatres ont observé que les attaques d'hystérie reproduisent toujours l'état émotionnel qui a engendré la première attaque. A est devenu hystérique par suite d'une frayeur dans un incendie ; aussi, dans toutes ses attaques, reproduit-il mentalement l'incendie ; il parle de fuir et appelle les pompiers. B, une jeune fille, eut sa première attaque après une violente altercation avec ses parents : aussi, dans ses attaques, rappelle-t-elle invariablement l'altercation. Presque tous les hystériques arrivent à posséder un cliché émotionnel, une série de gestes et de paroles qui reproduisent l'épisode ayant servi de cause occasionnelle à la première attaque. Eh bien ! toute attaque qui a été provoquée non extérieurement, mais par des émotions intérieures, est précédée d'une série de souvenirs qui presque toujours sont subconscients. L'impulsion de l'attaque est produite alors par des forces psychiques subconscientes[1].

10° OBSERVATION. — *Il existe des idées-images, ou représentations, subconscientes.*

L'existence de la représentation ou idée-image (*Vorstellung*) subconsciente est le phénomène le plus élevé de la subconscience. La sensation et la perception peuvent flotter dans les coins les plus profonds de la subconscience : mais une représentation, par sa nature, doit se trouver toujours en ce que Herbart appelait le « seuil de la conscience » (*Schwelle des Bewusstseins*). Une représentation latente est fatalement presque consciente. Une circonstance extérieure quelconque, comme un effort intérieur quelconque, peuvent facilement l'amener dans le champ de la conscience. La forme la plus grossière d'une représentation latente est le souvenir. La facilité plus ou moins grande pour fixer dans la subconscience des idées latentes et pour les amener bientôt à volonté à la conscience, est ce que le vulgaire appelle *mémoire*. L'état d'éréthisme psycho-nerveux des grands penseurs dans le moment de la production, qu'on a nommé état de passage,

---

1. Voir Ch. Féré, *Pathologie des émotions*, p. 111 ; — et Pierre Janet, *Les accidents mentaux*, p. 153.

révélation ou inspiration, est le moment dans
lequel ils font passer à la conscience, par des
influences externes ou internes, des sensations et
des images qui auparavant flottaient dans la subconscience. (On a déjà vu que, chez certains sujets
exceptionnels, la puissance psychique de la subconscience est telle, qu'on pourrait la qualifier
d'hyperconscience). Ce moment de passage est si
absorbant, exige une telle abstraction mentale,
qu'il explique toutes les distractions des hommes
de pensée concentrée dans l'acte de la production,
qui est comparable comme effort à la surexcitation qui accompagne l'instant de jouissance
sexuelle. Créer, c'est procréer. L'obscurité apocalyptique de certains inspirés provient de ce qu'ils
n'ont pas réussi à faire passer complètement à la
conscience, à la dialectique consciente, leurs sensations et images subconscientes. A l'époque
contemporaine, la multiplicité des sensations
subconscientes est cause du décadentisme de l'art
moderne symbolique et émotionnel. Comme dans
l'âge des peuples, il se produit aussi dans l'âge
de certains grands hommes un effet analogue :
quand ils arrivent à leur maturité, ils ont acquis
un tel amas de sensations subconscientes, que,
en cherchant à les manifester, ils deviennent
obscurs, trop complexes pour être compris par
la moyenne. Tels Gœthe et Richard Wagner : la
première partie de *Faust* est un poème dramatique
clair et précis ; la seconde, écrite beaucoup plus

tard, est d'une nébulosité presque incompréhensible. Les dernières œuvres de Wagner sont infiniment plus complexes que *Tannhäuser* et *Lohengrin*. Chez Beethoven, il y a trois styles très marqués : la clarté antique de la jeunesse, l'émotion passionnelle de l'âge mûr, la complication profonde d'une vieillesse précoce.

La critique a expliqué maintes fois ce phénomène, particulièrement dans le cas de Gœthe, ou bien comme un effet recherché par un homme qui a déjà acquis de la renommée et peut se permettre le luxe d'imposer des extravagances, ou bien par son désir d'atteindre toujours à une plus grande originalité. Il faut ignorer la psychologie de l'homme de génie, pour admettre que le désir de *poser* peut altérer la santé de son tempérament ; la sincérité est la première condition de toute grande œuvre, et une demi-inconscience celle de toute production géniale. La pose volontaire et la farce consciente, si elles existent, sont des facteurs de si mince importance, qu'on peut les négliger comme des quantités infimes. Et il est si vrai qu'il en est ainsi, que ces pages obscures de la maturité sont généralement celles qui ont été écrites de la façon la plus rapide et la plus inspirée. Wagner s'interrompit soudain dans la composition de sa *Tétralogie*, à laquelle il travaillait depuis des années, pour écrire en six mois, paroles et musique, *Tristan et Iseult*, qui est son œuvre la plus parfaite ; cet effort et cette œuvre sont peut-être l'exemple le plus admirable du pouvoir de l'abstraction subconsciente. Villa, opposé à la philosophie de l'inconscient, signale le fait que les littérateurs philosophes, comme Taine, sont les plus enclins à accumuler des faits sur l'inconscient. On pourrait croire que c'est par caprice ou par amour d'artiste pour l'originalité, ou par manque de véritable vocation professionnelle pour la philosophie; mais je crois que ce fait a une autre raison : ce sont les tempéraments d'artistes qui ont la plus grande facilité idiosyncrasique de pressentir ce qui se passe dans leur subconscience. De même la révélation et l'inspiration, je l'ai signalé, ne sont que des passages du subconscient au conscient.

En revanche, des hommes de génie d'un autre caractère, c'est-à-dire peu enclins à l'art et à l'idéologie, les hommes d'action, possèdent d'ordinaire une conscience-volonté admirablement apte à s'abstraire *ad libitum* des sensations subconscientes qui peuvent les embarrasser à un moment donné. On connaît cette assertion de Napoléon : « Quand je veux interrompre une affaire, je ferme son tiroir et j'ouvre celui d'une autre. Elles ne se mêlent point l'une avec l'autre, et jamais ne me gênent et ne me fatiguent. Si je veux dormir, je ferme tous les tiroirs, et me voilà en sommeil ». Pour toutes ces raisons, les hommes de génie pourraient se diviser en deux groupes : ceux de pensée, qui laissent la subconscience agir sur la conscience ; ceux d'action, qui dominent la subconscience par leur conscience-volonté. Comme on le voit, pour l'étude des idées subconscientes est très intéressante l'observation de l'homme de génie, de même que pour l'hystérie celle des sensations subconscientes. C'est qu'en effet l'idée, essentiellement identique à la sensation, est seulement une forme supérieure de la sensation.

Quant à l'existence des idées latentes, qui agissent dans la subconscience, les psychologues intellectualistes aussi se sont rapprochés des physiologistes. Herbart, en un passage célèbre, compare les idées qui agissent sournoisement aux billes de billard qui, dans certains carambolages, restent immobiles et mettent une autre bille en mouvement.

Le psycho-physiologiste Herzen déclare expressément qu'une idée qui disparaît de la conscience ne cesse pas pour cela d'exister ; elle peut continuer à opérer à l'état latent, et, pour parler ainsi, au-dessous de l'horizon de la conscience. « En cet état subconscient elle peut toujours produire des effets moteurs et influer sur d'autres idées ».

« Une idée qui disparaît de la conscience... » Je crois que l'on pourrait dire aussi : une idée qui jamais n'est parvenue au champ de la conscience ; une post-sensation subconsciente transformée en idée subconsciente, ou préidée ; la genèse d'une idée concrète, mais inconsciente ; une forme intellectualisée, mais subconsciente de la sensation.

On pourrait me faire remarquer que ces idées subconscientes ne sont que des perceptions inconscientes. C'est là plus une question de mots que de doctrine. Le fait est que l'inspiration chez l'homme de génie, le sommeil chez tout homme normal, l'hystérie, mettent fréquemment en évidence non l'existence de sensations vagues subconscientes, mais des sensations déjà notées subconsciemment sous forme d'idées-images, de représentations. Tel est le fait. Le reste, c'est de discuter les termes ou formules relatifs au fait.

On pourrait demander : quelle est l'origine de ces idées inconnues ? L'origine est évidemment interne : elle se réfère à des sensations et perceptions internes que le milieu ambiant peut modifier. Alors on arrive facilement à croire aux opérations mentales subconscientes. En effet, l'existence de ces opérations se dégage des observations que j'accumule.

Chez les hystériques, des idées fixes subconscientes produisent fréquemment les attaques[1].

De là on a déduit une définition nouvelle de l'hystérie : à savoir qu'*elle est une maladie par représentation*. C'est-à-dire une maladie mentale engendrée par des idées fixes, des idées-images, des idées représentatives, presque toujours subconscientes ou inconscientes.

1. Voir Pierre Janet, *Les accidents mentaux*, p. 57 et suiv.

Son symptôme caractéristique est une diminution du champ de la conscience, à tel point que quand le malade fixe son attention sur quelque idée, cette idée l'absorbe complètement ; elle l'abstrait tellement que, s'identifiant avec elle, il achève de perdre la conscience de ce qui l'entoure ; il tombe en extase sur son idée. Cette extase psychologique diminue à tel point ses fonctions vitales, que la crise ou l'attaque se produit. Quand a eu lieu le phénomène psychique que les mystiques appellent « extase », les neuropathologistes « distraction », et que je nommerai, moi, ABSTRACTION, l'organisme s'irrite et éclate en une série très variée de manifestations pathologiques.

Si l'on cherche dans la littérature, par curiosité, qui est parvenu à décrire le mieux les sensations qui précèdent l'extase, ce que Wundt appelle concentration de la conscience, et M. Pierre Janet rétrécissement du champ de la conscience, on trouvera que ce sont deux femmes extraordinaires : Sapho, dans ses poésies amoureuses ; sainte Thérèse de Jésus, dans ses poésies mystiques. Les vers suivants de cette dernière sont absolument typiques :

> Vivo sin vivir en mi...
> Y tan alta vida espero,
> Que muero porque no muero.

(Je vis sans vivre en moi... et j'attends une vie si haute, que je meurs de ne pas mourir).

11ᵉ OBSERVATION. — *Les sensations et idées sub-conscientes effectuent des opérations mentales sub-conscientes.*

Tout homme d'étude qui sait observer a des occasions très variées de vérifier ce phénomène. Il arrive très fréquemment qu'une idée que nous empruntons à l'extérieur, et que nous sentons profondément, soit bientôt oubliée, et que, au bout d'un laps de temps plus ou moins long, quand nous l'évoquons de nouveau, elle apparaisse digérée et assimilée dans le champ de la conscience. Tout ce travail de digestion et d'assimilation s'est opéré subconsciemment.

Dans l'art, et particulièrement dans la musique, ce phénomène présente des caractères curieux. Un musicien emprunte généralement au milieu ambiant une série d'idées mélodiques et symphoniques, qu'inconsciemment il fond et refond dans son esprit ; quand il se sent inspiré, il écrit son œuvre originale, qui n'est qu'un amalgame épuré, raffiné et élevé, de ce qu'il a connu et s'est assimilé. Quelques-uns, comme Grieg, empruntent une grande partie de leurs idées à la musique populaire régionale qu'ils ont entendue dans leur enfance ; d'autres, aux maîtres antérieurs. Richard Wagner étudie fondamentalement les formes mélodiques des compositeurs italiens, spécialement de Bellini, et les formes symphoniques des Allemands ; en écrivant, après avoir élaboré avec les éléments simples acquis des masses d'idées personnelles dans la subconscience, il invente ses mélodies et symphonies très compliquées. La meilleure preuve que tout ce travail d'assimilation s'effectue dans les régions inconnues de la subconscience, réside dans l'abstraction absolue, la distraction, l'état d'absorption en soi-même dans lequel les musiciens écrivent. Alors l'inspiration pourrait se définir *l'effort semi-conscient pour faire passer dans le champ de la conscience ce qui sommeille dans le champ de la subconscience.* Aussi un artiste a-t-il pu dire avec raison que « comprendre c'est égaler ».

De cela résulte, pour les sciences et pour les arts, la plus logique explication de ce que l'on a appelé l'*imagination créatrice.*

Les délires des hystériques obéissent à des opérations mentales subconscientes provoquées par des idées fixes généralement subconscientes aussi[1].

12° OBSERVATION. — Il est probable que, dans l'évolution des espèces, *des fonctions psycho-physiques auparavant conscientes, qui vont en s'atrophiant, passent à la subconscience avant de se perdre, et, à l'inverse, que des fonctions nouvelles qui vont en s'acquérant commencent dans la subconscience avant d'entrer dans la conscience.*

Dans l'évolution des espèces, des fonctions et des organes qui, à leur origine, eurent une impor-

1. Pierre Janet, *Les accidents mentaux*, p. 67.

tance capitale, sont relégués comme superflus dans une catégorie secondaire de demi-atrophie. Cette demi-atrophie, dans des fonctions psychiques conscientes, ne peut-elle faire partie du subconscient? Cet argument a été déjà indiqué en partie par Lewes, comme nous l'avons vu. A cette théorie on peut opposer diverses objections sérieuses :

1° Des témoignages de la physiologie et de l'observation interne il résulte que la conscience-subconscience est qualitativement indivisible, bien qu'elle présente des régions de plus ou moins grande intensité quantitative.

2° Les fonctions nouvelles de la conscience, avant d'arriver à cet état psychique, peuvent commencer également dans la subconscience.

Aussi la formule indiquée est-elle plus large et plus catégorique : elle embrasse ce qui se perd du passé comme ce qui s'utilise pour l'avenir. Quoique je ne le voie pas bien démontré encore, tout cela peut tantôt s'achever, tantôt commencer dans la subconscience, parce que celle-ci est une zone intermédiaire, et la conscience absolue une zone extrême. S'achever ou commencer dans la zone extrême serait, comme je le note dans un autre chapitre, un saut de la nature, et la nature ne fait pas de sauts.

13ᵉ OBSERVATION. — *Le phénomène de l'accommodation.*

Les organes des sens, enseignent les physiologistes, comme formés de tissus nerveux, ont la propriété physiologique d'être impressionnés par les agents extérieurs, et, comme appareils disposés en cavités ou excroissances, comme siège de phénomènes physiques ou chimiques, ils jouissent d'une autre propriété que leur permettent aussi les éléments nerveux qui les constituent : celle de projection et d'objectivité de la sensation, et de son ubiquité dans l'espace.

L'œil est une chambre obscure, avec ses lentilles objectives centrées qui réfléchissent la lumière en peignant l'image de l'objet transposée sur la rétine, sur les cônes et les baguettes, soit le *nerf récepteur*. Mais cet écran reflète les rayons dans la direction de leur entrée, ceux-ci se brisent de nouveau en sortant par les lentilles et vont à leur point de départ, qui est l'objet même ; on objective ainsi la sensation perçue et on la localise dans un lieu déterminé, l'espace. Cette propriété s'observe aussi dans l'oreille, qui répercute les ondes sonores dans le sens qui l'ont impressionnée, et bien que l'œil et l'oreille soient des organes perceptifs par eux-mêmes, la même chose se passe avec les réactions physiques et chimiques des autres sens.

Or, la propriété d'impression de ces organes ne leur appartient pas ; elle caractérise le tissu nerveux en quelqu'une de ses variétés anatomiques, et n'a rien de spécial ; mais la propriété de projection appartient uniquement à l'organe du sens comme appareil nerveux récepteur. L'œil projette l'image reçue au point où se trouve l'objet, parce que, en s'imprégnant de ses rayons, il a disposé ses lentilles, mues par des muscles spéciaux, de telle façon que le foyer de cette lentille peint l'image précisément sur l'écran de la rétine, et l'objet se voit distinctement. Ce mouvement musculaire, qui augmente ou diminue la courbure du cristallin pour que son foyer tombe toujours sur la rétine et que la vision soit claire, représente un effort des muscles ciliaires, plus grand pour la vision rapprochée, minime jusqu'à être nié par quelques-uns, pour la vision éloignée.

La membrane du tympan est tendue ou relâchée par des muscles spéciaux aussi : muscles du marteau et de l'étrier, selon qu'elle tend à percevoir des sons aigus ou des sons graves. Ces préparations des organes des sens pour réaliser leurs fonctions, ces contractions des muscles qui préparent les organes à recevoir mieux les impressions, constituent une propriété supérieure du tissu nerveux, du nerf récepteur, qui, en recevant l'impression première, réagit et la réfléchit comme mouvement préparatoire sur des muscles qui mettent l'organe en condition d'être bien excité. Cette propriété s'appelle *accommodation* ; les organes des sens s'accommodent donc pour recevoir les impressions et les transformer en sensations. Les muscles qui préparent les organes de ces appareils récepteurs possèdent à leur tour des éléments nerveux qui les meuvent et les dirigent (nerfs moteurs), comme aussi des fibres nerveuses qui naissent d'eux et vont aux centres (bulbe, protubérance ou cerveau), apportant les impressions de leurs mouvements pour donner l'idée du travail réalisé.

La physiologie n'est pas parvenue encore à expliquer d'une manière satisfaisante ce phénomène de l'accommodation. On se trouve aux prises avec ce dilemme : le supposer un effet purement mécanique de l'excitation sur les nerfs périphériques, un acte purement réflexe, c'est avancer une hypothèse risquée ; le supposer un acte conscient-volontaire, c'est, en ce qui précède l'aperception, absurde.

Je trouve l'explication de l'accommodation dans les perceptions et réactions psycho-physiques subconscientes-subvolontaires. En effet, depuis le moment où se produit l'excitation jusqu'à l'instant où l'on perçoit consciemment la sensation, il s'écoule un laps de temps. Maskelyne, astronome de l'Observatoire de Greenwich, constata en 1795 que son aide Kinnebrook apercevait toujours le passage des astres sur le méridien avec un retard de 0″,5 à 0″,8. Persuadé que cela provenait d'une négligence incorrigible, il le renvoya. Plus tard vers 1820, Bessel, en comparant ses observations personnelles avec celles d'autres astronomes, spécialement de Struve et d'Argelandez, constata que toujours il était en avance sur eux, et, cherchant la cause de cette différence, il découvrit l' « équation personnelle ». Les différences de cette équation personnelle s'élèvent parfois à plus d'une seconde, mais restent généralement au-dessous de $0''{,}3$. Cela dépend des races, des âges et des tempéraments. Des circonstances particulières ont permis de fixer ces différences d'équation personnelle pour les perceptions de la vue. Bien qu'on n'ait pu arriver à de tels résultats par des expériences sur les autres sens, il est évident que, avant qu'elles parviennent à la conscience, les perceptions passent par un bref espace de temps durant lequel se produit le phénomène de l'accommodation. Si les réactions réflexes ne suffisent pas à expliquer cela, ne serait-ce pas une explication plus logique de le rapporter à la phénoménologie encore obscure du subconscient-subvolontaire ? L'explication serait celle-ci : une excitation étant produite sur la périphérie, la périphérie la transmet aussitôt à la subconscience ; c'est une perception subconsciente-subvolontaire ; cette perception réagit, en produisant, en vertu des lois psychologiques exposées, l'accommodation. Cette doctrine de l'accommodation ne trouve en aucun état émotionnel une application plus exacte que dans la crainte. Comme nous le savons tous, la crainte est une situation nerveuse complexe, parfois très douloureuse, quand il y a terreur ; d'autres fois même joyeuse, quand elle est une expectative agréable. L'école physiologique, qui subordonne la production des états émotionnels à des altérations nerveuses, soutient que ce n'est pas la crainte qui produit et accélère la respiration et la pulsation, fait dresser les cheveux, transpirer le front, donne la « chair de poule » et des frissons ; que, au contraire, l'accélération de la respiration et du pouls, les mouvements du cuir chevelu, l'exsudation, la « chair de poule » et les frissons sont ce qui produit la crainte. La sensation psychique de la crainte est alors une résultante de ces préparations physiques. Cette idée bizarre, qui choque notre expérience comme une absurdité, en dépit des autorités qui la soutiennent, s'éclaircit si l'on suppose qu'il existe entre l'instant de l'excitation et celui de la sensation consciente une période préparatoire d'accommodation subconsciente. Le stimulus externe s'étant produit, nous sentons *ipso facto* l'impression subconsciente de la crainte, et alors la subconscience-subvolonté prépare l'organisme à la sentir consciemment. L'instinct lui donne une défense dans tous ses symptômes physiologiques, pour que, au moment où il passe à la conscience, l'organisme, préparé d'avance, résiste mieux au choc. Si celui-ci se sentait tout à coup dans la conscience, il serait beaucoup plus violent ; en se répétant avec fréquence, il affaiblirait l'organisme.

L'accommodation est donc un recours de l'instinct pour aller subconsciemment du plus simple au plus complexe : de la perception subconsciente à la sensation subconsciente ; de celle-ci à l'acte subconscient-subvolontaire (l'accommodation) ; de cet acte, à la perception consciente ; de là, à la sensation consciente ; de là, à l'idée consciente ; de là, au raisonnement subconscient (association d'idées); de là, à la perception ; de là, au raisonnement conscient (dialectique); de là, à l'acte conscient-volontaire (la liberté). De cette manière, la graduation des opérations psycho-physiques serait telle :

1° Perception subconsciente.

2° Accommodation (acte subconscient-subvolontaire).

3° Association d'idées (raisonnement subconscient).

4° Aperception.

5° Raisonnement (conscient, dialectique).

6° Liberté (acte conscient-volontaire).

En suivant un ordre rigoureusement inductif, des phénomènes les plus simples aux plus complexes, cette dernière observation aurait été mieux placée à la suite de la première, relative aux actes réflexes, dont elle est un corollaire explicatif. Je l'ai conservée pour la fin, par suite de la difficulté de sa compréhension et de sa valeur démonstrative, pour terminer par elle la série de faits qui cimentent la doctrine de la subconscience-subvolonté. De même que la théorie de l'instinct synthétise la doctrine de l'intelligence, au moins dans mon ordre d'idées, ainsi la théorie exposée sur l'accommodation condense, comme nous l'avons vu, la doctrine de la subconscience.

En résumé, des faits en nombre infini attestent :

1° Que nous pouvons, et devons normalement aussi sentir, percevoir et raisonner, sans nous rendre compte de ce que nous percevons, sentons et raisonnons.

2° Que nous avons seulement conscience d'une partie, probablement secondaire, de nos activités psycho-physiques.

3° Que tous les phénomènes de notre âme ont leur point de départ dans une région à laquelle n'atteint pas notre synthèse psychologique, et de laquelle cette synthèse ne perçoit que les conclusions.

4° Que les conclusions de la subconscience-subvolonté forment exclusivement la synthèse psychologique de la conscience.

5° Que toutes les activité. de l'esprit humain obéissent à une force x, dont l'essence n'est pas connaissable, que j'appelle *loi de l'instinct*, et qui pourrait également s'appeler *loi du plaisir et de la douleur* ou *loi de la vie*.

L'erreur capitale des philosophies classique, scolastique et romantique, est, à mon avis, d'avoir ignoré la subconscience ; d'avoir puérilement supposé que tout ce que l'homme pensait, disait et faisait, il le faisait, disait et pensait aussi consciemment et volontairement que si lui-même, son *moi* synthétique, était la *causa sui*. Mais en revanche, à mon avis, le plus grand mérite de la métaphysique moderne a été de présenter — quoique en termes bien obscurs — l'existence et l'importance de la subconscience.

L'*esse* des scolastiques dans la bouche des métaphysiciens équivaut à la subconscience ; l'*operari*, à la conscience-volonté. Alors le postulat *operari sequitur esse,* tant critiqué de ceux que leurs préjugés réactionnaires ont empêchés de l'entendre, résulte d'une exactitude physiologique. Les expressions *vis sui conscia, vis sui potens, nihil volitum nihil praecognitum,* impliquent anticipation du phénomène que j'appelle conscience-volonté, en faisant une entité unique de la signification des deux termes.

Chez les métaphysiciens, ce que Kant appelle le *monde phénoménal* équivaut à la subconscience : ce qu'il appelle le *monde nouménal,* à une abstraction du champ de la conscience-volonté, à ce qu'il suppose. par voie d'hypothèse, indépendant de ses antécédents phénoménaux (antécédents subconscients). La profonde distinction que font les métaphysiciens, spécialement Kant, du phénomène et de la chose en soi (l'individu total est un phénomène ; la liberté, au point de vue abstrait, est une chose en soi) n'est qu'une abstraction du subconscient (le phénomène) et du conscient (la chose en soi). Le *moi* subjectif de Fichte, qui s'abstrait

du monde causal, est l' « illusion » de la conscience-volonté. La *nécessité comprise*, ainsi que
Schelling et Hegel définissent la liberté, équivaut à ceci : la nécessité à la subconscience, où
s'élaborent obscurément les déterminants de la
conduite ; la compréhension à la conscience-volonté, l'intelligence consciente et volontaire qui traduit, bien ou mal, les mobiles qui se dissimulent
dans la subconscience. Le for intérieur dont nous
parlent ingénûment Malebranche, apocalyptique-
ment Hegel, mystiquement Jacobi, symbolique-
ment Maine de Biran, confusément Schleiermacher, très emphatiquement Schopenhauer, n'est
autre chose que la subconscience. La notion vague
que la conscience-volonté est une représentation
subjective du monde, engendrée par une série de
sensations subconscientes, ses raisons objectives,
qui agissent au dedans de l'individu même, voilà
ce qui fait de chaque système métaphysique une
vaste succession d'ombres, un rêve de rêve, qui
rappelle les vers fameux de Scarron, ainsi modi-
fiés :

> Et je vis l'ombre d'un esprit
> Qui traçait l'ombre d'un système
> Avec l'ombre de l'ombre même.

Mais, malheureusement, à cette belle intuition
de la métaphysique la psycho-physiologie contemporaine, par suite d'une prudence presque lâche
et en dépit des éloquentes insinuations de la

neuropathologie, n'a pas répondu encore, en proclamant une ample et catégorique doctrine de la subconscience qui s'oppose à la vieille et absurde doctrine de la conscience totale de l'homme-*causa sui*.

... ... de l'homme.

CHAPITRE X

Le subconscient-subvolontaire et l'inconscient-involontaire.

Tous les actes qui ne tombent pas sous la conscience absolue, c'est-à-dire que l'homme ne
réalise pas consciemment et avec des fins conscientes, peuvent tout d'abord être classifiés dans
les groupes suivants :

1º La série de *prémisses, associées et continues,*
que le cerveau juxtapose mécaniquement pour
parvenir à des conclusions conscientes. Il est
difficile d'exprimer dans la langue courante cette
série échelonnée de concepts, que j'ai déjà essayé
de mettre en lumière. En descendant dans la rue, je
constate qu'a éclaté une révolution. Mon esprit,
après avoir traversé rapidement une série de prémisses subconscientes ou inconscientes, arrive à
cette conclusion consciente : « Généralement, en
descendant dans la rue, je ne constate pas ce
mouvement ; ce mouvement de multitude obéit
donc à une cause inusitée ; tant de gens armés
qui crient sont quelque chose de plus qu'un dé-

sordre ; si 'la police n'intervient pas, c'est que le groupe de rebelles doit être fort ; pour que le groupe soit fort, il faut qu'une raison les oblige, etc. » Et ce même phénomène se répète dans toutes les impressions ; le dialogue socratique ne fut rien de plus qu'un effort pour l'évincer dialectiquement, sinon dans son échelle entière d'idées, de transitions enchaînées, — ce qui n'est pas possible, — du moins dans ses principales étapes.

2° Les *souvenirs latents*, dont le sujet a oublié l'existence, mais que des circonstances externes peuvent, à un moment donné, placer en pleine lumière de la conscience.

3° Les *pressentiments*, dont la vie quotidienne émotionnelle présente, dans les tempéraments nerveux, de très curieux exemples.

4° Les *actes instinctifs compliqués* qui s'exécutent pour des fins inconnues au moment d'agir en vue de la conservation de l'individu et de l'espèce. Chez l'homme civilisé, que le langage initie par avance à tous les mystères et à toutes les nécessités de la vie, ces actes sont rares et même discutables : mais ils sont possibles chez l'enfant. Chez les autres mammifères ils sont fréquents, quoique peut-être moins que ne le croit un observateur superficiel. Des exemples classiques sont ceux du jeune écureuil qui, sans connaître l'hiver, fait ses préparatifs pour cette saison, et des ovipares qui, en déposant leur œuf, placent tout

près de lui des aliments destinés à faire vivre un
rejeton qu'ils ne verront pas naître. Ces cas pourraient donner lieu à une doctrine sur la mémoire
héréditaire, ou, pour mieux dire, sur les souvenirs héréditaires, laquelle doctrine, loin d'em-
pêcher l'explication de certains phénomènes de
la subconscience, y aiderait.

5° Les *rêves*.

6° Les *phénomènes hypnotiques*.

7° Les *actes réflexes*.

8° Les *fonctions végétatives*.

9° L'*anesthésie*.

De la simple observation des faits qu'inspire
cette classification *a priori*, résultent ces trois conséquences :

a) Depuis la pleine conscience jusqu'à l'inconscience absolue (anesthésie générale) il y a une
série de gradations. Ce serait donc une erreur
de prétendre qu'entre l'une et l'autre existe une
brusque ligne de séparation qui permette de se
dire : « Ici se termine la conscience, ici commence
la subconscience ». Loin de cela, notre âme
constitue un tout très délicatement gradué, sans
transitions insolites.

b) Conformément à la pleine conscience correspond la pleine volonté (apparente ou réelle), au
point de former un tout indissoluble que j'appelle
conscience-volonté ; autant diminue la conscience,
autant diminue la sensation de la volonté-liberté.

c) Que par-dessous la subconscience-subvolonté

(actes instinctifs) existe l'inconscient-involontaire, qui est la vie végétative.

L'inconscience absolue n'existe pas dans les états naturels, puisqu'elle est un produit artificiel, un cas d'anesthésie générale. Des symptômes plus ou moins vagues de nos activités végétatives ne font jamais normalement défaut dans le champ de la conscience. De la même façon, la conscience-volonté absolue n'existe pas, parce que jamais nous n'aurons conscience de l'Inconnaissable ni ne pourrons feindre d'ignorer les motifs de nos déterminations. Mais de même que la médecine peut produire dans l'anesthésie générale une inconscience absolue, la métaphysique conçoit une conscience absolue dans une région purement spéculative. La région nouménale de Kant est, dans les artifices humains, le pôle opposé de l'anesthésie générale.

De la théorie exposée il résulte que l'expression *état de conscience*, adoptée par les plus éminents psychologues modernes pour signifier une sensation, une perception ou une idée, est obscure et absolument inexacte. On prend le contenant pour le contenu. J'adopte l'expression *entité psychique* :

1° Parce qu'une perception, émotion ou idée, traverse divers états ou champs de conscience, et peut aussi s'établir simultanément dans tous ou dans quelques-uns d'entre eux.

2° Parce que la véritable nature d'une perception, d'une émotion ou d'une idée, est celle d'une entité *x*, qui agit au dedans des diverses régions de notre âme.

3° Parce que dans le *complexus* qui forme une entité psychique sont enveloppées plus ou moins vaguement des perceptions, des émotions et des idées.

Mais je conçois que, prenant le plus attractif pour le tout, on peut, par antonomase, nommer *idée* une entité psychique quelconque, composée de perceptions, de sensations et d'idées, et nommer semblablement *conscience* l'ensemble de notre âme avec ses diverses zones de conscience-volonté, de subconscience et d'inconscience, et leurs nuances intermédiaires. Cela en effet, étant donnée la pauvreté de notre langue, ne préjudicie pas d'une façon fondamentale à la clarté de l'exposé scientifique, et évite le pédantisme d'inventer un plus grand nombre de néologismes.

CHAPITRE XI

Notion de l' « idée ».

Bien que la notion des « *idées* » (*species*, εἶδος) soit familière à tout homme cultivé, on a beaucoup discouru sur ce qu'on doit entendre par « idée ». Les psychologues continuent à employer ce terme dans des formes et des acceptions diverses, ce qui obscurcit leurs théories.

Descartes appelle « entendement » et Spinoza « idée » *toutes les modalités de la conscience.* Locke entend par « idée » *tout ce qui au dedans de nous-mêmes est un objet de perception*; la critique lui a reproché d'appeler « idées » ces « objets intérieurs de la conscience ». Les métaphysiciens et psychologues allemands traduisent le vocable « idée » par *Vorstellung*, mot composé de la préposition *vor*, devant, auprès de, et du substantif *Stellung*, présentation, reproduction, graphique et présentative, qu'on peut retraduire par *représentation, image*. Hume, comme les métaphysiciens allemands, restreint les « idées » à des *représentations* de l'esprit. Pour Bain et Spencer, l' « idée » est une *sensation rappelée*;

pour Mill et Taine, elle est un *nom* ; pour Maudsley, la *représentation mentale d'une sensation*. Comme on peut facilement le voir, ces différences sont plus une question de mots que de concepts.

Wundt appelle *Vorstellung* (idée métaphysiquement représentative) l'*image* qu'un *objet* engendre en notre *conscience*. La caractéristique de l'idée est donc, suivant lui, d'être une entité consciente qui se forme dans notre psyché. En conséquence, il divise les *Vorstellungen* en *Wahrnehmungen* (mot composé de *vérité* et *perception*), et en *Anschauungen* (*interna visio*, vision intérieure, intuition, *insight* pour les empiriques anglais).

« On a appelé idées, formes mentales ou formes de conscience, tous les états de conscience en tant que susceptibles de réflexion, et, par réflexion, de réaction sur eux-mêmes, sur les autres états de conscience, enfin, grâce à la liaison du physique et du mental, sur les organes du mouvement[1] ». Ici s'ajoute une nouvelle notion au concept d' « idée » : la force motrice.

Mais pour parvenir jusqu'à l'*idée-force*, catégorique, décisive, l'idée passe par de nombreux états mentaux, par beaucoup de *gradations de la conscience*. En effet, la science contemporaine, amalgamant les analyses des psychologues anglais, les expériences des psychiatres français et les pro-

1. Alfred Fouillée, *L'évolutionnisme des idées-forces*, p. 1 ; Paris, F. Alcan, 1890.

grès synthétiques de la psychologie physiologique des Allemands, a démontré :

1° Que de l'inconscience absolue à la conscience absolue il y a une série de degrés intermédiaires.

2° Que les opérations mentales s'accomplissent en grande partie mécaniquement dans l'ombre de l'inconscience, d'où elles passent dans la pénombre d'une subconscience relative, et de là à la lumière de la conscience.

3° Que les opérations mentales sont en grande partie involontaires, et que seulement quand elles parviennent à la pleine lumière de la conscience, c'est-à-dire au raisonnement dialectique, elles sont, en réalité ou en apparence, volontaires.

L'évolution du concept de l'âme a donc parcouru trois étapes : la première, quand on la divisait en trois zones ou facultés parfaitement diverses : sensibilité, intelligence et volonté ; la seconde, quand on renversa ces barrières artificielles des cartésiens et que l'on comprit que l'âme était tout entière une, homogène, catégorique, consciente ; la troisième, qui commence, quand on admet que l'âme n'est pas uniformément consciente, mais présente des champs infinis gradués depuis l'inconscience absolue jusqu'à la conscience. Les « idées », dans nos opérations mentales, parcourent ces champs, comme poussées par une force fatale, la vie psychique. En conséquence, j'entends par idées non des états mentaux ou de conscience, mais une *force ou courants ou objets intérieurs* (comme disait Locke) *qui traversent ces régions cérébrales, ou états mentaux ou de conscience, poussées par un mouvement x qui est précisément la loi de la vie, parce qu'elle naît avec la vie et ne s'arrête pas jusqu'à la mort.* Des formes de ce mouvement x j'ai déjà donné au lecteur un schéma descriptif dans ce que j'ai appelé les trois lois angulaires de la vie de l'esprit.

Avec les prémisses antérieures est venu pour moi le moment de formuler une définition précise de ce que j'entends par « idée » : *toute concrétion ou* TENDANCE *à concréter catégoriquement une sensation ou perception empruntée directement de l'extérieur ou de notre intérieur ou expérience.*

Je conviens que cette acception du mot « idée » n'est pas l'acception courante dans le langage vulgaire ; qu'on pourrait dire que je prends le contenant pour le contenu, l'apparence pour la réalité, la forme pour le fond ; que ce concept d'idée est générique, par rapport au concept spécial de l'idée-représentation (*Vorstellung*), de l'idée-nom de Mill et de Taine, de l'idée-image de Hume et de Bain. Mais, je le demande, par quel terme pourrais-je mieux désigner ces vibrations cérébrales ou entités psychiques ? Je déplore que nos idiomes modernes se prêtent à ce genre de confusions inutiles ou évitables.

Le concept exposé d' « idée » s'écarte donc de celui de Wundt, en ce qu'il enferme en elle les *idées en formation.* Pourquoi? Parce que ni mon observation interne ni les doctrines les plus avancées de la psychologie physiologique ne me prouvent qu'une idée en formation diffère essentiellement d'une idée formée. Au contraire, une idée A formée est susceptible de se décomposer en une série d'idées a, b, c, d, e... en formation, et *vice versa,* ce qui démontre que ni l'une ni les autres ne diffèrent en substance, et qu'elles suivent en somme les lois mêmes de notre activité psychique. Je pense donc que le mot « idée », comme générique, positif et précis, est la meilleure expression dans toutes les langues de ces entités psychiques, de ces forces internes qui embrassent des sensations et des perceptions, subconscientes ou conscientes, lesquelles, en effet, quand elles veulent se présenter au raisonnement, se condensent en véritables *Vorstellungen* (images, représentations, idées représentatives).

Pour plus de clarté, je dois reconnaître qu'une sensation est une entité simple, c'est-à-dire simplement une sensation ; qu'une perception est une entité double, c'est-à-dire une perception qui embrasse une sensation ; et qu'une idée est une entité triple, c'est-à-dire une idée qui embrasse une perception et une sensation. Cela provient de la presque instantanéité des phénomènes psychiques : à une sensation on ajoute une perception, on ajoute une image, et de l'ensemble résulte une idée (ou plutôt, dans la pratique, diverses idées).

Maintenant on comprend que, possédant une notion si vaste de l'idée, cette notion générique sera susceptible de se diviser en *espèces*. Je synthétiserai dans le tableau suivant les trois espèces d'idées que je conçois : 1° idée-représentation, idée-image, idée proprement dite ; 2" *quasi-idée* ; et 3° *préidée*.

IDÉES (toute concrétion ou tendance à concréter une sensation ou perception, consciente ou latente).

1. IDÉE-REPRÉSENTATION, IDÉE-IMAGE (idée proprement dite, une concrétion catégorique de l'entendement).

2. QUASI-IDÉE (tendance *consciente* à concréter un courant mental *quasi-inconscient*).

3. PRÉIDÉE (la tendance *quasi-consciente* à concréter un courant mental *quasi-inconscient* ou *inconscient*).

Toute entité psychique, entité que les psychologues contemporains appellent improprement « état de conscience », est donc un *continuum complexus* qui, depuis la zone de l'inconscience absolue (cérébration inconsciente) jusqu'à celle de la conscience maxima (attention), passe par une série de gradations : sensation subconsciente, « accommodation », sensation consciente, aperception, réaction subconsciente-subvolontaire, et réaction consciente-volontaire. Ces gradations correspondent successivement à ce que l'on a appelé : sensibilité (sensation, perception) ; instinct (« accommodation », réaction subconsciente-subvolontaire) ;

intelligence (aperception, réaction consciente-volontaire).

Ce fut Leibnitz qui introduisit dans la psychologie le lumineux concept d' « aperception », pour indiquer par lui un degré de plus de connaissance par la perception [1]. Aujourd'hui on l'emploie comme l'*appréhension* (*Erfassung*, saisie) de la perception, laquelle n'est certainement pas la perception en elle-même, mais une de ses conséquences, la plus immédiate de ses conséquences. Aussi l'expression de Herbart est-elle très descriptive : « défilé *(Enge)* de la conscience ». Toute activité psychique est un défilé dans la conscience. La zone immédiatement antérieure à la pleine aperception a été appelée « seuil de la conscience » ; la zone d'aperception, « point de regard interne ».

Ainsi, depuis que se produit une sensation périphérique jusqu'à ce qu'elle se sente ; depuis qu'elle se *perçoit* jusqu'à ce qu'elle s'*aperçoit*, s'écoule un laps de temps que les astronomes qui, les premiers, l'ont observé, ont appelé « temps psychologique ». Exner a proposé de changer cette expression en « temps de réaction » ; il s'est servi aussi du terme « durée de la perception ». Par « durée de l'aperception » Wundt entend : 1° le temps physiologique qu'emploie l'irritation

1. *Psychologia empirica*, § 25.

périphérique à passer aux centres sensoriels, afin d'y produire l'excitation ; 2° le temps psychologique nécessaire pour faire passer l'excitation dans le domaine de la conscience. Ce dernier processus, il le nomme aussi « temps de la volonté ».

Je pense que tout l'ensemble du processus peut s'appeler avec plus d'exactitude : temps de la conscience-volonté ; temps qui se décompose en : 1° durée de la perception périphérique ; 2° durée de la perception centrale ; 3° durée de l'excitation ; 4° durée de l'aperception ; et 5° enfin, durée de la réaction consciente-volontaire.

En conséquence, avec ce processus continu et complexe, l' « idée », avant de parvenir à être « représentation », passe par les états indiqués : préidée, quasi-idée, idée-représentation.

CHAPITRE XII

États de conscience.

Par un mirage bien explicable, nous considé-
rons une sensation, une perception, une idée, un
acte, comme une entité homogène et isolée,
comme une *unité*. En apparence, ils se présentent
ainsi à nous ; l'observation interne a pu les supposer à première vue. Mais si nous aiguisons nos
sens et notre intelligence, nous parvenons à en-
trevoir que ces unités supposées sont composées
d'éléments distincts qui forment un *complexus*
dont les facteurs s'enchaînent jusqu'à constituer
comme un seul courant nerveux, un *continuum*.
Ainsi, par une simple analyse interne, quelques
psychologues idéalistes parvinrent à distinguer
subtilement la perception de l'aperception.

Pour décomposer ces unités supposées, — sensation, perception, idée, acte — la psychologie
expérimentale, la psychiatrie, et spécialement la
psychologie physiologique, nous fournissent des

données beaucoup plus précises que celles de l'observation interne. Nous savons, en effet, que tout processus psychologique s'annexe à un processus physiologique. Ainsi donc, une impression périphérique quelconque passe des nerfs périphériques aux cordons postérieurs de la moelle ou par la substance grise, et traverse le bulbe, l'isthme de l'encéphale, la substance blanche, pour parvenir à l'écorce cérébrale, appelée l' « organe de la conscience ». Inversement, une impulsion née en une région particulière de l'écorce traverse la substance blanche, parvient aux corps striés, parcourt les pédoncules, la protubérance, la structure compliquée du bulbe, d'où elle passe à la région opposée, se met à descendre le long des cordons antéro-latéraux de la moelle jusqu'à la région lombaire, et de là le long des nerfs moteurs jusqu'aux muscles. Toute cette large trajectoire exige du temps et est accompagnée de sa phénoménologie psychologique correspondante.

Dans une entité psychologique quelconque (idée, acte) nous ne connaissons nettement que son principe et sa fin : de tout le processus interne intermédiaire nous n'entrevoyons que certains jalons échelonnés. De là l'erreur que l'on commet en le considérant tout entier comme une unité simple et homogène, quand en réalité c'est un processus, un groupe successif, une fusion, une multiplicité continue.

Une des plus grandes sources de confusion de

la psychologie contemporaine provient de ce qu'on n'a pas encore divisé clairement le processus psychologique, le *continuum complexus* d'un processus psycho-physiologique quelconque, en parties distinctes ou trajectoires typiques, en donnant à chacune un nom technique spécial et irremplaçable. Je tenterai, pour plus de clarté, un tableau de ce processus, en donnant à ces parties, par ordre de temps et de connexion, les noms qui sont devenus les plus familiers en psychologie.

Stimulant.	INCONSCIENCE.
Attention générale expectante. . . .	CŒNESTHÉSIE.
Premier choc ou application (du stimulant).	
Accommodation sensorielle.	
Impression périphérique.	SUBCONSCIENCE.
Présentation.	
Attention sensorielle spéciale. . . .	
Sensation obscure.	
Sensation claire.	
Préperception.	
Attention perceptive.	
Perception.	
Attention aperceptive.	
Aperception.	
Images.	
Images hypertoniques.	CONSCIENCE.
Idée.	
Idées hypertoniques.	
Associations.	
Raisonnement interne (logos). . . .	
Attention volontaire.	
Acte volontaire.	
Raisonnement externe ou dialectique.	

Passion. . . . .)
Attention excluante. . . . . . |
Attention délirante. . . . . . |
Monoidéisme. . . . . } HYPERCONSCIENCE.
Délire. . . . . |
Transport. . . . .)
Extase. . . . .) *États anormaux qui*
Somnambulisme. . . . . . . } *participent de la* SUB-
Suggestion et hypnotisme. . . .) *et* HYPERCONSCIENCE.

CHAPITRE XIII

Idées-forces.

Les métaphysiciens se creusent la cervelle pour trouver le trait d'union du déterminisme scientifique et de la sensation intime de la liberté, en arrivant à des hypothèses obscures et personnelles. « Dans le monde des relations causales le déterminisme est la loi unique, nous disent-ils, et la liberté règne dans un monde psychique hypothétique, dont l'observation interne nous fournit certaines données vagues ». Pour Kant, et plus ou moins pour Schopenhauer, le déterminisme gouverne le monde phénoménal, unique chose connue et connaissable, et la liberté règne dans le monde des noumènes. Sous cette forme, le problème est insoluble ; mais ce problème ne se simplifierait-il pas avec la notion des idées-forces ? On me dira que le mystère continue à subsister quant à l'origine de ces idées-forces et aux liens qui les unissent aux fonctions de la matière. Parfaitement. Mais il ne faut pas oublier que cette théorie, sans expliquer un phénomène inexplicable, le décrit, en forçant l'Inconnaissable jusque dans ses der-

niers retranchements. La notion des idées-forces est
donc un principe intermédiaire, demi-scientifique,
demi-hypothétique, entre la psycho-physiologie
et la métaphysique. Le présenter sous une autre
forme, c'est tomber de nouveau dans l'erreur de
regarder comme vérifié ce qui paraît encore invé-
rifiable: l'essence ou causalité du nexus psycho-
physique.

*Toute entité psychique est une force interne sus-
ceptible de s'extérioriser.* Toute entité psychique
tend à influer sur nos volitions. Toute volition
agit ou tend à agir sur les organes du mouvement.
C'est là le principe scientifique sur lequel se base,
en appelant « idée » l'entité psychique, la conception demi-métaphysique de l'idée-force.

Il convient d'avoir présentes à l'esprit à ce sujet
les observations suivantes :

1° Toute idée est une idée-force. Mais l'immense
majorité des idées est d'une intensité si faible,
qu'on peut les regarder comme des quantités né-
gligeables. Les idées-forces appréciables sont en
soi de diverse intensité.

2° Une idée-force appréciable n'est jamais une
entité isolée, mais une résultante de nombreuses
autres petites idées-forces (perceptions, émotions,
sentiments), qui luttent, se contredisent, se con-
firment, et contribuent à augmenter l'idée-force
principale. Elles sont comme les affluents d'un
grand fleuve.

3° L'intensité d'une idée-force quelconque dépend de sa coexistence avec d'autres idées contradictoires ou coadjuvantes. Et comme les idées vivent en une perpétuelle activité, l'intensité d'une idée-force varie selon ses moments.

4° Les idées-forces les plus intenses se présentent généralement sous la forme d'images dans le champ de la conscience. Mais cela n'exclut pas l'existence d'entités psychiques de grande puissance motrice qui évoluent dans le champ de la subconscience. Dans ces cas-là, ces pouvoirs inconnus abusent la conscience, en se présentant sous forme d'images-masques. Tels certains mysticismes, comme celui de sainte Thérèse. On pourrait appeler ces entités psychiques des idées-forces dissimulées.

Rien, ni la physiologie, ni l'observation interne, ni l'expérience, n'est en état de mesurer l'intensité d'une idée-force déterminée, parce que cette intensité est fluctuante; parce qu'elle dépend du moment, des autres idées coexistantes, et parce qu'elle a ses racines dans le subconscient. L'observateur en est réduit aux simples apparences pour apprécier cette intensité, et ces apparences, chez l'homme, sont complexes et obscures. Mais plus on descend les degrés de l'échelle animale, plus elles sont simples, et par conséquent faciles à vérifier.

CHAPITRE XIV

L'idée-force sociale.

On a défini l'homme « un animal sociable ». Cette affirmation n'implique pas une définition, car il y a beaucoup d'espèces animales sociables. Elle indique simplement une condition de la vie humaine, et peut-être une apparence de la psychologie humaine.

Recherchons si l'homme fut sociable dès ses origines les plus éloignées, et pourquoi et comment il devint sociable. Les données de la préhistoire nous enseignent que le motif générateur des premières sociétés humaines fut le même que celui de toutes les colonies animales : la conservation de l'individu et de l'espèce; ou, si l'on veut, la défense plus effective des individus par la solidarité sociale et leur bien-être supérieur par la division du travail protecteur. La famille une fois formée par l'instinct génésique, l'homme primitif, en vertu des lois de son affectivité, devait chercher à la conserver. Désemparé et faible, environné de terribles ennemis naturels, il lui fallait, pour atteindre ce but, user d'une force et d'une astuce indescriptibles et lutter continuellement. Pour mieux soutenir cette lutte, féroce au début, la famille même fournit de nouveaux éléments : les fils qui grandissent et procréent. Ainsi se forment, sous l'autorité de la mère ou du père, les premiers clans. C'est là le fait fondamental : l'institution des clans. Je ne trouve donc pas d'importance transcendante à la question de savoir si les premières relations sexuelles furent la monogamie, imposée par la passion et les nécessités ; la polygamie, par la supériorité du mâle : la polyandrie, par la rareté des hommes. Tout m'induit à penser que ces diverses formes de relations sexuelles, toutes naturelles, furent alternativement et simultanément pratiquées dès les époques primitives, selon les climats, les régions, l'alimentation et le degré de progrès dans les sentiments et dans les idées. Les clans étant établis, les rapts exogamiques durent provoquer les premières escarmouches des guerres que nous appellerons de famille à famille. Mais les émigrations furent sans doute la cause des grandes solidarités nationales. En effet, quand il s'agit d'émigrer et de conquérir de nouvelles terres inconnues, la nécessité dut, par suite de la grandeur de l'entreprise, amener la confédération des clans voisins et apparentés. Ces terres pouvaient n'être pas toujours inoccupées, ou bien être convoitées par diverses confédérations de clans. Ces circonstances durent amener les principales guerres, que, par opposition à celles de famille, on pourrait appeler publiques. Et ces guerres, par l'instinct de la conservation, formèrent les premières nationalités et imposèrent les premières royautés. C'est la genèse logique des sociétés humaines. La première conséquence de cette genèse est qu'un homme enchaîné par un sentiment de solidarité sociale à beaucoup d'autres hommes, et soumis à un pouvoir politique commun, peut plus, comme lutteur et comme producteur de richesse, que s'il s'employait isolé ou simplement juxtaposé à ces autres hommes, dépourvu de sentiments solidaires et de discipline. (La richesse est bientôt une conséquence de l'abondance et un indice du pouvoir social). Ainsi, la reconstruction de la formation des premières sociétés humaines nous démontre que, par la discipline et la division du travail, une société ou nation représente une force plus grande que celle que constitueraient ses individus, isolés ou indépendants. On raconte en effet qu'un ambassadeur ayant demandé à un Pharaon comment on avait construit les Pyramides, les monuments les plus durables du pouvoir et de la richesse de l'antique Orient, le Pharaon répondit, en montrant une baguette à fouetter les esclaves : « Avec ceci ». Il avait raison, et il aurait eu plus raison encore s'il avait présenté le sceptre autocratique, le symbole de la race, qui était à son tour symbole du pouvoir national qui châtie les épaules des sujets. On pourrait m'objecter que la

baguette ne fit que canaliser la force des millions
d'esclaves travailleurs, sans l'augmenter ; que, à
dire vrai, la baguette ne créa pas ces forces : que,
libres et de leur propre initiative, ces travailleurs
auraient pu aussi construire les Pyramides. Mais
rien de plus faux. Dans un grand ensemble
d'hommes il n'y a d'autre force humaine que la
tyrannie nationale, capable d'imposer, dans la division du travail, un labeur aussi dur que le transport de la pierre ; libre et de sa propre initiative,
personne ne s'y serait soumis. Mais il y a plus.
En supposant qu'elles se fussent soumises, les
forces de tous les travailleurs n'auraient pas été
efficientes, sans le stimulant du fouet. De récentes
expériences de Féré, Mosso, Schiff et autres
physiologistes, démontrent que les sensations
périphériques augmentent le pouvoir dynamique
des hommes.

Les psychologues qui ont observé les hommes
par rapport à leur nationalité, comme Taine, sont
arrivés à établir qu'un citoyen est quelque chose
de plus qu'un facteur, plus ou moins insignifiant,
du corps social : il est une synthèse de sa patrie.
C'est dire que la psychologie individuelle d'un
Français, d'un Anglais, d'un Allemand, est un
résumé, un reflet de la psychologie de l'âme nationale de la France, de l'Angleterre, de l'Allemagne. Il en résulte que l'hérédité psychologique
et le milieu font de chaque homme un résumé du
caractère de son pays. Ce fait est plus constatable,

naturellement, chez les hommes de la classe diri-
geante que chez ceux du bas peuple.

L'Histoire démontre jusqu'à la satiété que les
nations se forment peu à peu ; qu'elles acquièrent
une âme, un caractère national qui persistent à
travers le temps ; que l'imposition de la force ne
détruit ni ne crée de nationalités. Alexandre, Auguste, Charlemagne, Charles-Quint, Napoléon Ier
ont réuni artificiellement sous leur sceptre beaucoup de nations qui, quand se défit le lien politique qui les unissait, récupérèrent leurs positions
naturelles. « Là seulement où Dieu le montre du
doigt », a-t-on dit, « naît ou meurt une nation ».
Parfois des efforts répétés arrivent à enchaîner la
libre existence d'une nation, en l'annexant à un
peuple conquérant ; alors il advient fréquemment
que la nation conquise, soumise à la force, révèle
son caractère national, déjà affaibli, en révolutions
intestines et en désaccords religieux, ainsi qu'en
manifestations d'art ; car l'art est la plus brillante
cristallisation des nationalités : on ne conçoit pas
l'Espagne sans *Don Quichotte*, l'Angleterre sans
Shakespeare. Une âme nationale vigoureuse conserve ses caractéristiques à travers toute son histoire : les Français de Taine sont les Gaulois de
Tite-Live : les Espagnols vainqueurs avec Fernand
Cortès répètent l'audacieuse aventure avec l'amiral
Cervera, et sont vaincus, parce que « à d'autres
temps, d'autres éléments » ; les Germains des
Eddas sont les Allemands qui reconstruisent l'em-

pire ; la noblesse britannique, et aujourd'hui aussi la bourgeoisie, ont reproduit une centaine de fois, et avec des résultats bien différents, la rébellion des barons de Jean sans Terre. Pour conclure, les nations ne s'improvisent ni ne se détruisent, parce qu'elles sont la manifestation d'une âme nationale (que les psycho-sociologistes allemands appellent *Allgeist : All*, tout, ensemble, *Geist,* esprit).

Les évolutionistes, observant la naissance et l'évolution d'une société, ont établi ses ressemblances avec l'évolution de l'individu ; et comme l'individu est un organisme, ils ont conclu en établissant que la société est un organisme. Mais nous devons prendre cette opinion comme une similitude descriptive, et non comme une formule mathématique. Dans les organismes animaux il y a agrégation intime de parties ou colonies d'éléments vitaux, tissus les uns avec les autres, qui vivent une même vie individuelle réunie, et subissent un même sort ; dans les sociétés humaines il y a seulement agglomération d'éléments, chacun desquels se développe, se reproduit et meurt avec une indépendance relative, chacun desquels vit une vie individuelle. La séparation des membres d'une société est plus externe que celle des parties de son organisme. Un organe appartient à un animal d'une manière si intime, qu'il ne peut fonctionner indépendant ni se transmettre à un autre animal ; en chaque homme il y a son unité, qui peut se développer seule ou se réunir à une autre société. Bien qu'il existe, par conséquent, quelque ressemblance entre une société et un organisme, il y a tant de sérieuses différences, que les lois physiologiques des organismes ne sont que rarement applicables, et seulement par vague similitude, aux sociétés. C'est le principe le plus correct et le plus prudent, qui peut se résumer ainsi : une société est un quasi-organisme.

Les psychologues qui ont étudié les passions des multitudes, comme le Dr Gustave Le Bon, arrivent à établir que *les sentiments des multitudes sont plus violents que ceux des individus pris isolément*. Isolément, très peu, infiniment peu d'hommes sont capables de grands et nobles sacrifices ; réunis sous les drapeaux d'une cause commune, des individus quelconques sont susceptibles des plus généreuses actions. De là il résulte que les passions des multitudes sont plus grandes que celles des individus. Beaucoup d'individus dont l'état émotionnel aurait une valeur de 5, supposons, donneraient, additionnés, une multitude dont la passion serait 5. Appelons I les individus et M la multitude qu'ils composent :

$$i + i_1 + i_2 + i_3 \ldots = M.$$

Donc, si l'état émotionnel de chaque individu était 5 :

$$5i + 5i_1 + 5i_2 + 5i_3 \ldots = 5M.$$

Mais l'état émotionnel que révèlent les actes de

la multitude n'est pas égal à 5 : c'est une passion qui vaut x, 1 000, 100 000, 1 000 000... capable des plus terribles explosions. Donc, si :

$$5i + 5i_1 + 5i_2 + 5i_3... = xM$$

et si nous appelons I l'ensemble des individus i_1, i_2, i_3... :

$$I = i_1 + i_2 + i_3... :$$
$$5I = xM.$$

Mais comme les individus forment la société :

$$I = M.$$

Alors

$$5 = x.$$

Mais cela est précisément faux, car x est beaucoup plus grand que 5, selon les prémisses posées.

Pour concilier les choses, on a inventé la formule heureuse d'après laquelle une société n'est pas égale à la somme, mais au produit de ses individus. Alors :

$$5i_1 \times 5i_2 \times 5i_3... = xM.$$

Et, en posant :

$$i_1 \times i_2 \times i_3 = I,$$
$$5 \times 5 \times 5... \times I = xM.$$

Et comme nous avons :

$$I = M.$$

Il vient :

$$x = 5 \times 5 \times 5.$$

C'est la formule exacte. Mais nous ne devons pas exagérer non plus sa précision. Acceptons son exactitude de la même façon que les physiologistes ont considéré la loi de Weber: comme une expression relative d'un phénomène absolu qui n'est pas traduisible en formes mathématiques infaillibles.

Si j'appelle ce résultat idée-force, désignation qui me paraît acceptable, admettons que *le premier principe de la nationalité est l'idée-*force sociale.

L'idée-force sociale est donc le sentiment instinctif ou subconscient que possède tout homme que le coefficient de ses forces s'élève immensément, quand il fait partie d'une société organisée. L'origine de cette idée-force est l'instinct de conservation enseigné par l'expérience de notre propre faiblesse. C'est précisément le principe du *Contrat social* de Rousseau, dont l'unique erreur, propre à l'ingénuité des philosophes romantiques et à l'orgueil des philosophes scolastiques, qui attribuent tous les actes de l'homme à sa liberté et à son intelligence, consiste à avoir supposé ledit contrat émané de la conscience-volonté, alors qu'il émana de la sub-conscience, c'est-à-dire de l'instinct.

J'avoue cependant que des prémisses posées ne ressort pas bien clairement le principe de l'idée-force sociale, de la société produit et non total. Toutes ces prémisses pouvaient s'appliquer aux colonies ou troupeaux d'animaux mammifères, et chez ceux-ci ne se vérifie pas le principe, car ce sont des sociétés-totaux. En outre, j'ai employé comme argument les mouvements des multitudes, dont les passions sont occasionnelles et non normales.

C'est que l'homme est *quelque chose de plus* qu'un « animal sociable ». Ce *quelque chose de plus* explique la société-produit et explique le phénomène essentiellement humain du progrès. Ce *quelque chose* comble une lacune sensible que j'ai laissée dans mon exposition de ce chapitre, au sujet de la sociabilité de l'homme et le potentiel psycho-physique des sociétés.

Qu'est-ce que l'homme?

CHAPITRE XV

L'homme ou l'aspirabilité humaine.

Pour les idéalistes classiques et scolastiques, l'homme est un être unique, qui n'a pas de semblables sur la terre, et qui possède un corps mortel et une âme immortelle.

Pour les matérialistes monistes, l'homme est simplement le premier animal de l'échelle zoologique.

Le premier concept renferme une inexactitude, car les sciences physico-naturelles ont démontré que la dualité de corps et d'âme de l'homme est évidente chez tous les animaux : donc l'homme n'est pas un être unique, mais l'expression suprême d'une échelle ascendante d'êtres semblables. C'est là le second concept, qui se trouve dans ce qui est démontré par la science. Mais pourquoi l'homme est-il le premier animal de l'échelle zoologique? Les naturalistes vous répondront que c'est parce que son organisation psycho-physique est la plus parfaite et la plus puissante. Admettons-le. Mais il serait indispensable de vérifier *si, dans la psychologie humaine, existe aucun pou-*

voir supérieur qui ne se trouve dans les facultés des autres animaux. En d'autres termes, si l'esprit humain, en plus de sa supériorité quantitative sur l'intelligence des autres animaux, ne possède aussi aucun caractère propre que ne possèdent pas les autres animaux, et sur lequel se fonde son incontestable supériorité. Qu'on observe la vie de l'homme et qu'on la compare à la vie des bêtes, et l'on arrive à ce *fait* capital : *l'homme conçoit et réalise le progrès indéfini, et la bête non.* Pourquoi?

La première réponse qui se présente est : parce que l'homme parle. Mais la bête, elle aussi, ne possède-t-elle pas son langage rudimentaire, qui, chez les primates, arrive jusqu'à être un idiome monosyllabique? Comment ceux-ci ne l'ont-ils pas perfectionné? Ce n'est pas par manque d'organe adéquat, car, si on y avait tendu, la fonction aurait créé l'organe.

La seconde réponse est : parce que l'homme est un animal sociable. Mais n'a-t-on pas déjà exposé que la sociabilité est un résultat de l'instinct génésique et de l'instinct de conservation, que tous les animaux possèdent? Un principe de sociabilité existe chez tous les animaux : cependant leurs sociétés, bien qu'elles parviennent parfois, comme dans les ruches d'abeilles, à des résultats surprenants de division du travail, ne progressent pas : elles ne portent pas au Nord la bannière du progrès, mais simplement celle de la vie.

Alors, l'esprit déconcerté, il ne reste plus d'autre réponse que celle-ci : parce que l'homme est un animal supérieur. Mais ceci est une pétition de principes. L'explication psychologique est une pétition de principes. Pourquoi l'homme est-il supérieur? Par quel caractère qualitatif se révèle cette supériorité incontestable, dont la manifestation est le progrès? Ici apparaît l'unique, absolument l'unique définition de l'homme que je conçois :

L'HOMME EST UN ANIMAL QUI ASPIRE.

De l'étude comparée des psychologies humaine et animale il résulte que les bêtes, comme les hommes, ont un instinct, une sensibilité, une intelligence et une volonté relatifs ; elles sentent, aiment, pensent, construisent, possèdent leur langage et réalisent même leurs petits progrès, quand elles se trouvent dans des circonstances imprévues pour la race. Il y a une seule qualité humaine par excellence, patrimoine exclusif des hommes, base de toutes leurs grandeurs : l'impulsion à aspirer, à améliorer, à atteindre la perfection, à prospérer *à l'infini*. L'esprit de religion, l'esprit de rébellion, l'esprit d'innovation, l'esprit d'investigation, l'esprit d'organisation, l'esprit de conquête, etc., enfin, l'esprit humain, ne sont que des conséquences de cette impulsion à se perfectionner *jusqu'à l'infini*, qui s'appelle progrès.

Comme la conscience, elle n'a pas besoin de se définir ni de se démontrer, parce que c'est une sensation intime que ne peut ignorer celui qui la possède.

La conscience-volonté est la sensation de notre unité animale.

L'aspiration au progrès est le sentiment de notre supériorité humaine.

Lançons un coup d'œil large, profond, nerveux, dans notre for intérieur d'hommes, en nous demandant : quel est le signe démonstratif du fait ? Nous arriverons facilement à cette conclusion : l'homme, quoiqu'il ne s'explique pas l'existence de l'infini, conçoit l'existence de l'infini. Un chat, un chien, un singe, bien domestiqués, peuvent parvenir à comprendre les plus audacieux « trucs » de l'homme : mais jamais ils ne concevront l'existence de l'infini. Voilà l'homme ! Alors les bêtes sont des animaux psycho-physiques : mais *l'homme est un animal métaphysique.*

Simplifions les trois antiques sphères symboliques de la connaissance, exposées par Duns Scot :

1° L'intelligence n'est pas capable de concevoir l'existence d'un fait.

2° L'intelligence est capable de concevoir l'existence d'un fait, mais non de se l'expliquer.

3° L'intelligence est capable de concevoir et de s'expliquer le fait.

Si l'infini est un fait, comme nous le croyons *subjectivement*, le premier degré correspond aux bêtes et le second à l'homme. Le troisième est l'*x* de l'Inconnaissable.

L'aspirabilité, la qualité humaine par excellence, est l'origine subjective du progrès ; le progrès est l'œuvre humaine par excellence, la projection objective de l'aspirabilité.

En effet, qu'est-ce que l'aspirabilité ? La conception d'un infini, d'un indéfini. Qu'est-ce que le progrès ? La tendance à une perfection indéfinie. Comment réaliser alors la tendance à une perfection indéfinie, si l'on ne concevait pas l'existence de cet indéfini ?

Je dois noter ici deux faits qui, mal interprétés, pourraient être considérés comme des objections à la théorie :

1º Ce ne sont pas tous les hommes qui savent aspirer, mais seulement ceux appartenant à certaines races progressistes (civilisatrices). Même en ces races, la faculté d'aspirer est diverse, selon les individus. Il y a des races inférieures qui, selon le témoignage de voyageurs et de psychologues, ne savent pas aspirer : ainsi les Esquimaux et les Boschimans. Aussi restent-ils stationnaires comme les bêtes. Le fétichisme qu'ils professent n'est pas une démonstration de leur aspirabilité, car si, dans ses formes les plus élevées, on peut le con-

sidérer comme un principe d'aspiration religieuse, il n'en est pas de même dans ses formes
inférieures, qui ne sont qu'une manifestation de
terreur animale envers les éléments destructeurs
de la nature, les bêtes féroces, les poisons, les
tempêtes.

2° D'observations de voyageurs et de naturalistes on pourrait induire que certains animaux,
certains primates, possèdent la faculté de l'aspirabilité. Par exemple, certains « singes troglodytes »,
qui sont parvenus à se domestiquer, ont fini par
manifester un *mépris humain* envers leurs congé-
nères qui persistent dans l'état sauvage, et un
véritable amour pour les objets de la civilisation
dont ils ont pu comprendre l'usage, comme les
étoffes spécialement et certains ustensiles de mé-
nage. De même, dans leur affectivité, ils sont
arrivés à professer une amitié profonde pour les
hommes en apparence supérieurs, les maîtres.
L'imitation pourrait être un nouvel argument.
Chez les animaux domestiques communs, on observe des caractères psychiques semblables. Tout
cela ne pourrait-il pas être la manifestation d'une
aspirabilité commençante ? — Quoi qu'il en soit,
le fait est que, s'il y a aspirabilité chez les bêtes,
elle est en si infime portion, qu'on peut la regarder comme une quantité négligeable. D'autre part,
le bien-être physique bien entendu suffit pour
expliquer le phénomène. Le singe troglodyte
retourné à l'état sauvage oubliera complètement

ses velléités d'orgueil humain. Tels les Guaranis[1], race américaine stupide, qui, à l'état sauvage, n'arrivait pas à compter plus loin que trois, et qui, dans les missions des jésuites, apprit à cultiver la terre et aussi à prier, compter, lire et écrire ; après l'expulsion des jésuites, elle retourna vivre dans les bois en son état primitif. Je trouve plus logique de refuser aux Guaranis l'aspirabilité, que de l'attribuer à tous les primates.

On ne peut concevoir qu'un peuple marche à l'avant-garde de la civilisation, si sa race ne sait pas aspirer. Cette qualité transcendantale est la condition fatale du progrès, sa définition, sa force, sa réalité, son efficacité ; et c'est en vue de l'accroître ou de la canaliser que doivent être dirigés les efforts des sciences physiques et morales. La créer n'est pas possible. *Quod natura non dat, Salamanca non prestat.* L'Amérique du Nord nous fournit une éloquente démonstration de cette vérité : l'éducation s'y étend aux blancs et aux noirs ; et, en dépit des conditions extraordinaires de ce pays, qui auraient facilité aux derniers l'accumulation des richesses, puisqu'ils ne s'occupent ni d'art, ni de science, ni de politique, ils sont restés presque stationnaires, parce que leur aspirabilité est beaucoup moindre que celle des Anglo-Saxons. Les rares exceptions sont celles

1. Nom de la population indigène du Brésil, de l'Uruguay, etc.

des croisements, qui donnent habituellement un
produit marqué par certaines qualités originales,
ou bien celles de certaines races africaines qui possèdent, comme la race hottentote, la faculté
suprême, au moins rudimentaire, de l'aspiration.

Même dans une même race, dans un même
peuple, dans une même famille, la force de cette
faculté de l'aspiration est très variée en chaque
individu. L'aspiration à la beauté d'un Gœthe, à
la bonté d'un saint François d'Assise, à l'investigation d'un Newton, à la patrie d'un Pélage [1], n'est
pas celle d'un homme du peuple sans vigueur,
d'un bourgeois ventru, d'un aristocrate égoïste.
Tous les hommes des races qui savent aspirer
n'aspirent pas, ni tous ceux qui aspirent ne le
font pas à un égal degré. Les biographies des
grands politiques anglais — Chatham, Pitt,
Gladstone — nous enseignent combien ceux-ci
eurent à lutter contre la petitesse de parlements
qui ne savaient pas aspirer comme eux. Henri
Heine se moque de l'étroitesse intellectuelle d'un
peuple qui a produit Kant, Hegel, Richard Wagner. C'est que, quoique chaque homme supérieur renferme les aspirations de tout un peuple,
duquel il est la synthèse et l'image idéale en vertu
d'un phénomène de psychologie collective arrêté

---

1. Roi des Asturies, fondateur de la monarchie espagnole (719-
737). Il défendit avec une énergie indomptable son pays contre
l'invasion arabe. Son nom est resté pour les Espagnols synonyme
de vaillance héroïque.   (Le Trad.)

à l'avance, tout le peuple ne renferme pas les aspirations de l'homme supérieur. Il les pressentira vaguement, nébuleusement, dans son for intérieur; il y collaborera dans l'âme nationale; mais il n'est pas possible que chaque membre de la foule puisse les sentir originellement en masse. Si tous les sentaient, tous seraient hommes de génie, et l'homme de génie est le phénix de l'humanité. Les anciens le qualifièrent de demi-dieu et de héros. Carlyle, reconstituant ce poétique symbole, a développé la théorie de l'héroïsme, dont le principal fondement est la « sincérité » du héros. Si le héros est forcément une synthèse de son peuple, la sincérité du héros n'est autre chose que la concordance de ses passions avec celles de son peuple. Mais cette concordance n'est presque jamais *actuelle*; l'aspirabilité du héros tend vers l'avenir; de là il résulte que cette sincérité est parfois en désaccord avec le présent, et alors on crucifie le rédempteur. Mais comme le rédempteur pressent que, ce qu'il sent, son peuple le sentira demain, et comme il pressent aussi que cela constitue précisément la force de sa sincérité, il lutte jusqu'à ce qu'il triomphe. Cela est l'héroïsme.

Si la société fonctionne comme un organisme, chaque fonction sociale doit avoir ses organes. Pour guerroyer il y a des armées, pour guérir il y a des médecins, pour aspirer il y a des héros, qu'on appelle *surhommes*. De l'étude positive du surhomme il résulte que si, sociologiquement, il est supérieur à l'homme normal, il lui est inférieur anthropologiquement. En général, c'est un « bon animal ». C'est un type sociologiquement évolutif, et physiologiquement dégénératif. Bien qu'on n'ait jamais mentionné ce phénomène en métaphysique, c'est, à mon avis, l'argument le plus concluant de l'hypothèse matérialiste.

Abandonnons un moment, en effet, la région de la psychologie spéculative, pour entrer dans le domaine de la *psychologie transcendantale ou métaphysique positive.*

L'hypothèse idéaliste suppose la primauté d'une substance x psychique idéale, distincte de la matière et de la force, qui a engendré la vie animale.

Le nexus du physique et du psychique s'explique alors non par les évolutions de la matière, mais par celles de cette substance x psychique idéale qui modèle et dirige la matière ; plus elle s'intensifie, et plus elle perfectionne le corps animal.

Le *summum* de cette substance x psychique idéale se mesure en l'*aspirabilité humaine.*

Suivant sa loi de primauté, l'individu qui atteint ce *summum* d'aspirabilité doit être psychiquement et physiquement évolutif.

Cependant, dans la réalité, cette supériorité psychique, bien qu'elle embrasse aussi un corps qui possède un système nerveux extra-normal, ne produit pas un type animal évolutif, mais un type animal dégénératif : l'homme de génie.

J'indique cette argumentation *a contrario sensu*, comme la plus favorable que je conçois au sujet de l'hypothèse matérialiste : je dois cependant rappeler, en même temps, que je n'essaye pas par elle de connaître l'Inconnaissable, mais que je tâche de délimiter les frontières qui séparent la science positive de l'absolu. Et je réitère, comme preuve, que, en dépit de cette solide argumentation, mon tempérament m'incline à l'hypothèse idéaliste, comme plus humaine.

Bien que tous les problèmes de l'Inconnaissable pourraient être considérés subjectivement comme un seul bloc, — l'unité de l'Inconnaissable, — objectivement ils peuvent se synthétiser en quatre ou cinq énigmes capitales : l'Éternel, l'Immense, le Premier, l'Absolu, le Psycho-physique. Ou, en d'autres termes : le temps infini, l'espace infini, la *causa causarum*, le relatif, et le nexus du psychique et du physique, ou la vie.

Aussi les grands humanistes et les grands poètes amalgament-ils toujours ces trois idées générales : l'aspiration à s'améliorer innée chez tous les hommes, la perfection en soi, et Dieu. Jamais ces principes ne furent mieux exprimés que dans ce verset de Saint Matthieu : « Soyez parfaits comme est parfait votre Père qui est aux cieux ». *Soyez* : aspirez subjectivement à vous améliorer indéfiniment. *Parfaits* : la perfection, le progrès, considérés objectivement. *Comme est parfait votre Père qui est aux cieux* : l'absolu, l'infini, la vérité, la bonté, la beauté infinies considérés, si on me permet l'expression, ULTRA-SUBJECTIVEMENT et ULTRA-OBJECTIVEMENT.

Tout humaniste et tout poète ont reconstitué, sans plagiat, par coïncidence, par identité humaine, plus ou moins bien, plus ou moins mal, ce trépied angulaire de l'humanité. Je prends au hasard trois grands poètes français modernes : Lamartine, Musset et Hugo. Pour Lamartine,

Borné dans sa nature, *infini dans ses vœux*,
L'homme est un dieu tombé qui se souvient des cieux.

Un philosophe, un naturaliste observeront, au sujet de ces vers, que l'homme n'est pas « un dieu tombé », mais plutôt un animal supérieur qui aspire aux cieux, et non pas qui s'en « souvient ». Peu importe. Ces vers définissent l'homme, en dernière analyse, comme un animal terrestre qui aspire à l'infini. Et c'est là l'homme. Mais l'aspirabilité humaine se trouve rarement dans la poésie sous une forme aussi philosophique (« *infini dans ses vœux* »); généralement elle se condense en amour, en un amour supérieur, en un amour divin.

Alfred de Musset, qui était émotivement tout

entier poète, dit à la Malibran, cantatrice célèbre qui aspirait à l'infini dans la beauté de la musique qu'elle interprétait :

Oui, oui, tu le savais, et que, dans cette vie,
Rien n'est bon que d'aimer, n'est vrai que de souffrir...

> *Ce que l'homme ici-bas appelle le génie,*
> *C'est le besoin d'aimer ; hors de là tout est vain.*
> *Et, puisque tôt ou tard l'amour humain s'oublie,*
> *Il est d'une grande âme et d'un heureux destin*
> *D'expirer comme toi pour un amour divin !*

Dans une autre pièce, ce même poète dit à « Brahma, Jupiter ou Jésus » :

> Si la souffrance et la prière
> N'atteignent pas ta majesté,
> Garde ta grandeur solitaire,
> *Ferme à jamais l'immensité.*

C'est là une façon mystique de reconnaître que l'homme conçoit l'existence de l'infini, et l'identifie à son dieu, Brahma, Jupiter ou le Christ.

Victor Hugo, dont les idées de métaphysique sont vagues et paraissent purement verbales, a des vers sur l'amour-aspirabilité, l'amour perfection :

> *Oh ! l'essence de Dieu c'est d'aimer.....*
> *..... C'est Dieu que j'ai pour hôte.....*
> *Nous sommes deux au fond de mon esprit, lui, moi.....*

Avec l'énergie d'un rédempteur oriental, il

dit : « S'il n'y avait pas quelqu'un qui aime, le soleil s'éteindrait ». Traduisons cette pensée en philosophie pure : si aucun homme n'était capable d'aimer la perfection, personne n'aspirerait à la perfection, et l'humanité dégénérerait. Dégénérée, au bout d'une série de dégénérescences elle mourrait. Ses yeux se fermeraient pour toujours à la lumière du soleil, et comme, à part l'homme, nul sur terre ne paraît en état d'aspirer, le soleil s'éteindrait pour ce concept sublime du progrès éternel.

Plus que tous les faits de la physiologie, tous les arguments de la psychologie et tous les phénomènes de la sociologie, une preuve en faveur de la doctrine de l'aspirabilité est le témoignage unanime des thaumaturges et des poètes, l'espèce d'hommes qui ont le plus profondément jeté la sonde dans l'âme humaine. Tous ont conçu et enseigné l'au-delà.

Donc, pour résumer en derniers termes :

L'HOMME EST UN ANIMAL CAPABLE D'ASPIRER.

*L'homme est l'*UNIQUE *animal qui aspire indéfiniment.*

Aspirer indéfiniment, c'est concevoir l'existence ou la *possibilité* de l'infini.

Concevoir l'existence ou la *possibilité* de l'infini n'implique pas la capacité de le comprendre ou de l'atteindre. Le comprendre ou l'atteindre est quelque chose de supérieur aux forces animales psycho-physiques, bien modiques en soi. Aussi l'homme, en dépit de son aspirabilité, n'est-il pas un dieu tombé, mais un animal, quoique le premier, formé de fange terrestre, et qui, sa vie terminée, retournera à la fange (*pulvis es et in pulverem reverteris*). Cela rappelle un beau symbole de la mythologie scandinave. Un clan de crapauds vivait au fond d'un puits profond, humide et obscur. De père en fils s'y transmettait une très antique légende : tous les cent ans naissait dans le clan un crapaud avec une pierre précieuse dans la tête. Toutes les nouvelles générations cherchaient en vain qui entrerait en possession de la pierre, plus que précieuse, — divine. Un des plus jeunes, indifférent à ces investigations, contemplait chaque jour la lumière de l'après-midi, en se disant : « Qui pourrait voir le soleil, puis mourir ! » Et une fois, comme un seau descendait dans le puits pour en ramener de l'eau, le jeune crapaud sauta dans le seau et arriva en pleine lumière. Il se trouvait dans un beau jardin d'où il pouvait contempler le soleil. Et, en le contemplant, il se rendit compte que le soleil, l'image du soleil, l'aspiration au soleil, était la pierre précieuse ou divine de l' « élu » de sa race qu'il portait sous son front... C'est cela que porte, parmi les autres animaux, l'homme ; et parmi les autres hommes, l'homme de génie.

CHAPITRE XVI

Qu'est-ce que la liberté ?

Pour le dictionnaire, la liberté est le pouvoir d'agir sans motifs ou en s'affranchissant de motifs. C'est là une pétition de principes qui ne signifie rien.

Pour les philosophes classiques, scolastiques et romantiques, sauf quelques exceptions connues de tous, l'homme est un être intelligent et *libre*, absolument libre. Et comme sur la terre, en dehors de la volonté divine, nul autre être ne possède cette condition sublime, la liberté est la qualité humaine par excellence.

Pour certains idéalistes de transition (de la scolastique à la métaphysique kantienne), comme Thomas Reid et ses successeurs, existe une *liberté d'indifférence (liberum arbitrium indifferentiæ)* grâce à laquelle « nous nous déterminons sans motif entre deux termes équipotents ». Bien que Descartes ne vît en lui qu'un *gradus infimus libertatis*, le spiritualisme s'est servi de cet argument, tiré de l'observation interne, pour combattre durant longtemps le déterminisme.

Pour Kant, la liberté est « le pouvoir de commencer par soi-même une série de modifications », pouvoir dont l'existence s'admet dans le monde nouménal, mais ne s'explique pas dans le monde phénoménal ou causal.

Pour Schelling et Hegel, c'est la nécessité comprise. « Tout être, dit Schelling, quand il se fait sujet, sent la détermination comme en spontanéité, la nécessité comme en liberté ». « La liberté, dit Hegel, est la nécessité comprise ».

Pour Malebranche et Schopenhauer, c'est un « mystère ».

Pour les évolutionistes matérialistes monistes, c'est une « illusion » : nous croyons que nous agissons librement, parce que nous ignorons la force et la quantité des motifs qui nous déterminent ; une preuve *objective* de la liberté n'est pas possible.

Pour M. Fouillée, la liberté est une idée-force.

Établissez, lecteurs, que ces définitions prouvent avant tout *trois faits* :

1° La sensation de la liberté.

2° L'existence de la nécessité, c'est-à-dire le déterminisme.

3° L'impossibilité pour l'intelligence humaine d'enchaîner ces deux faits (car supposer au début une illusion, comme le font les évolutionistes, cela me paraît risqué et même faux, contraire au témoignage de notre conscience).

L'observation de M. Fouillée, qui paraît expliquer tout, n'explique rien : elle n'est qu'un mot heureux par sa valeur descriptive. Sous son apparence de positivisme elle est une notion métaphysique qui pourrait être réduite au premier antécédent de la définition de Kant, que Kant lui-même appela *ex tempore*.

De toutes les explications que je connais au sujet de la liberté et du déterminisme, les seules qui ajoutent quelque chose aux trois faits signalés sont celles des métaphysiciens nommés plus haut. Ce quelque chose peut se résumer en deux observations :

1° Une volition est un enchaînement de volitions dont le premier antécédent échappe à la raison (Kant, Schopenhauer).

2° La liberté est la nécessité comprise, ou bien une volition est la projection consciente et intelligente de nécessités antérieures (Schelling, Hegel).

Ces deux principes, traduits du langage métaphysique en termes psychologiques, n'impliquent autre chose que l'affirmation d'un même phénomène, et signifient :

Le premier, que la volition se présente comme telle dans le champ de la conscience après avoir pris naissance et avoir traversé, comme entité psychique ou ensemble d'entités psychiques, le champ de la subconscience.

Le second, que la volition proprement dite est

une entité psychique qui, ayant franchi le champ obscur des « nécessités » (subconscience), se présente au champ de la « compréhension » ou intelligence (conscience-volonté).

Ce phénomène *unique* est précisément celui que j'ai décomposé et synthétisé dans ce que j'appelle *les trois lois* angulaires de l'esprit.

Malgré tout ce qui a été dit sur la liberté et le déterminisme, je n'ai pas trouvé de formules ou de prémisses qui concrètent les faits. Je vais les résumer, tels que je les entends, dans les cinq propositions suivantes :

La liberté est une sensation, la sensation de la volonté.

La volonté est une sensation, la sensation de la conscience.

La conscience est une sensation-représentation, la sensation-réprésentation de notre individualité psycho-physique.

Notre individualité psycho-physique est une conséquence de notre vie animale, puisque chaque animal est « unum per se ».

La vie est un mystère.

CHAPITRE XVII

Lois sociologiques.

En synthèse, la première loi de la psychologie humaine est la LOI D'ASPIRABILITÉ. Les lois de la sélection, de la lutte pour la vie, de l'adaptation, etc., ne sont que des formes inférieures de cette loi première qui est l'*alma mater* de l'homme.

Les « lois psychologiques » de Wundt sont des apparences distinctes de cette loi première, apparences ou formes bien dignes certainement d'être conservées dans la mémoire. Wundt divise lesdites lois en deux catégories : lois de relation (*Beziehungsgesetze*) et lois d'évolution (*Entwickelungsgesetze*). Chacune de ces catégories comprend trois formes : celle de relation psychique renferme les lois des *résultantes*, des *relations psychiques* et des *contrastes psychiques* ; celle d'évolution, les lois de l'*accroissement psychique*, de l'*hétérogénéité des fins*, et de l'*évolution par contrastes*.

A chacune des lois de la première catégorie se rapporte une loi de la seconde. Ainsi :

1° *Loi de relation des résultantes psychiques, et sa loi d'évolution correspondante de l'accroissement psychique.* — « La loi des *résultantes psychiques* est celle qui offre la plus grande ressemblance avec une loi physique, la synthèse chimique, suivant laquelle deux substances, en se combinant, donnent naissance à une nouvelle substance douée de propriétés distinctes des effets qui la composent. S'il y a une synthèse chimique, il existe aussi une synthèse psychique. Tout fait psychologique compliqué est le produit de l'union de divers éléments psychiques, et, par conséquent, le résultat d'une synthèse ». Cette synthèse psychique se distingue de la synthèse physique, en ce qu'elle est créatrice.

Cette loi, Wundt l'applique des sensations d'espace et de temps aux aperceptions, des aperceptions aux idées, des idées aux « doctrines dominantes ». « Selon l'état d'âme dans lequel nous nous trouvons, nous éprouvons un effet différent des impressions d'une nature quelconque que nous recevons de l'ambiant physique et social dans lequel nous vivons, c'est-à-dire des impressions morales, esthétiques et religieuses. Si, à un moment donné de la vie, nous rencontrons le même courant d'idées et de sentiments dont fait partie l'impression reçue, nous l'accueillons avec enthousiasme, l'amplifions, l'embellissons et l'*accroissons*; il s'effectue une synthèse *de laquelle*, parfois nous n'avons pas conscience ».

C'est la loi évolutive de l'*accroissement psychique*, de laquelle l'histoire politique et artistique nous fournit de très nombreux exemples. Cette loi explique le fait de certaines idées, de certains livres, de certaines œuvres d'art qui ont tenu une grande place à un moment donné, parce qu'ils concordaient avec la tendance générale, et qui bientôt, en l'absence de mérite vrai et durable, ont disparu. La mode est une application de cette loi.

2° *Loi de relation des relations psychiques, et sa loi d'évolution correspondante de l'hétérogénéité des fins.* — La loi des *relations psychiques* est une continuation ou intégration de la loi antérieure. Elle se réfère aux « opérations analytiques et synthétiques de la conscience ». Toute analyse suppose une synthèse, toute synthèse suppose une analyse. Quand cette loi se réfère aux connexions psycho-physiques, elle est une application de la loi de Weber et Fechner ; quand elle se réfère à des opérations mentales plus élevées, tirées de l'expérimentation immédiate des sens, elle rentre dans la loi de l'association des psychologues anglais ; et, finalement, quand elle se réfère à la motricité résultant des opérations, ou à leurs actes, c'est le principe de la sensation subjective de la volonté libre, de la conscience-volonté, qui formait le point de départ constant des philosophes scolastiques.

Partant de là, Wundt arrive aussi à la seconde loi évolutive, celle de l'hétérogénéité des fins. « Pour montrer, dit M. Alfred Fouillée, qu'on ne pourra jamais déduire l'avenir du passé, ni conséquemment limiter l'avenir par le passé même, on peut invoquer une loi formulée par Wundt, et qui est d'importance majeure en morale comme en métaphysique : le caractère imprévu et « hétérogène » des effets réels par rapport aux effets prévus. C'est ce que Wundt appelle la « loi de l'hétérogénéité » entre les volitions et les résultats. Toute action volontaire produit des conséquences qui dépassent toujours plus ou moins les motifs qui l'ont déterminée : tel homme qui a agi par une ambition toute personnelle peut amener, sans l'avoir prévu, des résultats utiles à son pays, non pas seulement à lui-même ; tel autre qui, au contraire, a voulu rendre des services au pays, peut aboutir à des conséquences nuisibles. De là cette loi, admise aussi par Schopenhauer et par Hartmann, que le résultat dernier de nos actions dans la réalité n'a jamais été le véritable motif dans notre esprit.. En voyant combien est bornée notre puissance de prévoir, nous perdons le droit de marquer une limite à l'évolution. Puisque, d'une part, dans l'ordre moral, les effets futurs ne peuvent *se déduire* des causes auxquelles ils sont liés ; puisque, d'autre part, les effets derniers de nos volitions ne peuvent *se déduire* de nos volitions mêmes, il en résulte pour l'avenir un double caractère d'indétermination par rapport au présent actuellement connu. Cette indétermination rend possible, dans le monde, un progrès mental et moral auquel jamais personne ne pourra défendre d'avance d'aller plus loin. En un mot, ni l'anéantissement, ni la limitation du progrès moral dans le monde ne pourront être l'objet d'une démonstration ou même d'une conception claire. Il en résulte que la perfectibilité mentale apparaîtra toujours comme indéfinie, sinon sous une forme, du moins sous une autre : la fécondité de l'univers mental, du monde des idées, est impossible à borner pour nous [1] ».

3° *Loi de relation des contrastes psychiques, et sa loi d'évolution correspondante.* — « La loi d'évolution par contrastes, dit Wundt, se montre dans le développement psychique individuel, tantôt pendant de courtes périodes de temps et d'une façon variable, tantôt avec une certaine régularité et généralité dans les relations entre les périodes distinctes de la vie. En effet, on a observé il y a longtemps que les tempéraments prédominant aux âges distincts de la vie offrent certains contrastes. L'excitabilité facile et si fréquemment intense de l'enfance se transforme ensuite en la disposition d'âme sentimentale et mélancolique de la jeunesse qui donne lentement les impressions, mais qui les conserve plus tenacement ; celle-ci à son tour

1. *L'évolutionnisme des idées-forces*, p. LXXXVI à LXXXVIII.

devient encline, durant la virilité, aux résolutions
et aux actes rapides et énergiques, et finalement,
quand arrive la vieillesse, à la disposition d'âme
de la quiétude contemplative. Mais, plus qu'en la
vie individuelle, le principe des contrastes se
révèle dans la vie sociale et historique, dans le
changement des courants de l'esprit et dans les
influences qu'ils exercent sur la culture et les mœurs
pour l'évolution sociale et politique ; comme le
principe de l'hétérogénéité des fins s'applique
particulièrement à l'éthique, l'évolution par contrastes acquiert toute son importance dans la
sphère de la vie historique [1] ». Il suffit de jeter un
léger coup d'œil sur l'histoire universelle, pour
découvrir une série de réactions par contrastes qui
sont de l'essence même de la nature humaine.
« Voisine de nous est la réaction monarchique et
cléricale en politique, romantique en littérature,
et idéaliste en philosophie, qui, au commencement
du xix⁰ siècle, protesta contre les idées et les sentiments jacobins et révolutionnaires et contre le
style classique et académique du xviii⁰ siècle ».

Ces trois ou six « lois psychologiques » sont
bien plutôt des APPLICATIONS SOCIOLOGIQUES de principes psychologiques. La psychologie étudie
l'esprit humain *en soi*, et non ses applications

1. Voir *Grundriss der Psychologie*, p. 383 ; et *Logike*, t. II.
p. 282 et suivantes.

sociales, desquelles s'occupe la sociologie ou psychologie ethnique. Aussi les lois psychologiques sont-elles plus simples, plus précises ; on doit les regarder comme des schémas du *modus operandi* de la pensée de *chaque* homme, et non comme des formules de l'effet de cette pensée sur les sociétés. Dans les « lois psychologiques » de Wundt, non seulement dans leur seconde catégorie, les « lois de relation » (*Entwickelungsgesetze*), mais aussi dans la première (*Beziehungsgesetze*), domine l'idée-mère de ces effets sur le milieu ambiant. Ceci ne correspond pas à la psychologie, quoique parfois on puisse juger la nature des phénomènes psychiques par leurs effets. Les lois de Wundt ne sont donc pas à proprement dire psychologiques, mais sont des principes moraux ou sociaux tirés de la psychologie. Je ne trouve admissibles d'autres lois psychologiques que les trois lois exposées dans le chapitre V, et, comme conséquence d'elles, la *loi d'aspirabilité* du chapitre précédent, dont la troisième loi de Wundt est simplement la forme sociale et objective.

CHAPITRE XVIII

Théorèmes de la vérité, du bien et de la beauté.

THÉORÈME DE LA VÉRITÉ MORALE. — *Dans l'ordre moral n'existe pas la vérité absolue, ou, tout au moins, en raison de l'insuffisance de notre psyché, jamais il ne nous sera donné de la connaître : c'est une aspiration subjective, et non une réalité objective.*

Dans l'ordre physique, la vérité se présente à nos sens comme irréductible et parfaite. Le marbre est une substance solide et dure dans les perceptions de tous les hommes, de tous les peuples et de tous les temps. Basée sur cette expérimentation des sens en matière physique, et emportée comme sur des ailes vers son aspiration au progrès, l'intelligence humaine a appliqué cette expérimentation en matière morale, inventant, comme le verre et la poudre, la notion de la vérité absolue. La notion de l'existence d'une vérité absolue une fois inventée, elle l'a immédiatement appliquée aux dogmes religieux. Quoi de plus élevé, quoi de plus absolu, quoi de plus *vrai* que les religions ? L'homme est un animal qui aspire.

Aspirer, c'est tendre vers l'infini. L'infini est, dans son esprit, Dieu. Dieu est la religion. Donc, l'homme est un animal religieux.

Il pourra exister une vérité *absolue,* si les thaumaturges s'y emploient ; mais notre *relativité,* notre capacité humaine *relative* ne parviendront jamais à l'embrasser. Quand on croit l'embrasser, c'est simplement un phénomène de mirage de notre vanité. L'infini n'entre pas dans le fini de nos représentations *(Vorstellungen).* La notion de vérité *absolue* est un dérivé de l'aspiration à l'infini.

Nous devons donc nous contenter de posséder, dans l'ordre moral, une vérité *relative.*

PREMIER COROLLAIRE. — *Dans l'ordre moral, toute vérité est relative au sujet, au milieu et au moment.*

Chaque homme, chaque peuple et chaque époque se construisent, pour satisfaire à leurs besoins, une éthique qui est la vérité, en tant qu'elle n'est pas en désaccord avec l'époque, le peuple et l'homme.

De là vient qu'il faut considérer comme vérité toute croyance sincère. (Sincère : inspirée par les besoins de l'époque, du peuple et de l'homme qui la sentent ; parce que la croyance se sent plus qu'elle ne se raisonne). Bien que tous les hommes pensant par eux-mêmes (je veux dire sincèrement) aient cru avoir le monopole de la vérité, personne n'a ce monopole. Car la vérité morale, par sa nature relative, — l'Histoire le démontre, et c'est le contraire de ce qui se passe dans l'ordre physique, — ne peut être l'objet d'un monopole.

Les vérités de l'ordre physique se découvrent ; celles de l'ordre moral s'inventent. Celles-là sont toujours préexistantes à leur formulation, et seront éternelles ; celles-ci n'ont pas existé avant d'être formulées, et ne se produiront pas après la caducité de leurs formules. Celles-là sont stables, celles-ci transitoires. En un mot, celles-là sont absolues, celles-ci sont relatives au sujet, au milieu et au moment.

SECOND COROLLAIRE. — *Au moral, en variant les conditions de sujet et de milieu, coexistent des vérités contradictoires.*

L'orgueil théocratique des humanistes dogmatiques est, comme le démontre l'expérience de nombreux siècles, l'effet de mirage capital de la vanité humaine. *Omnia vanitas !* Ce qui aujourd'hui paraît faux, en matière d'éthique, peut demain être vrai: ce qui, ici, est vrai, peut, là, être faux. Il ne s'agit pas du « cristal dans lequel on se regarde » ; il s'agit des choses qui se regardent. Chacun voit les choses avec ses propres yeux, et ce n'est qu'en s'identifiant avec d'autres, par un pouvoir d'abstraction psychologique, qu'il peut voir les choses étrangères avec des yeux étrangers. Cela est la critique. Voyons les choses personnelles avec nos propres yeux et les choses étrangères avec des yeux étrangers, si nous voulons nous approcher, autant qu'il est possible, de la vérité morale; car si celle-ci, comme conception absolue (excluante), est imaginaire, comme conception relative elle est autant ou *plus* réelle que la réalité de l'ordre physique. « Je veux agrandir mon *moi* jusqu'à en faire ton *moi* », telle est la grande correction de Schelling à l'idéalisme de Fichte. Les sens, qui sont imparfaits, se laissent tromper par les apparences de l'ordre physique ; l'intelligence, épurée et élevée à un maximum critique et idéal d'abstraction, d'induction, de déduction et de généralisation, ne peut se laisser tromper par ces vaines apparences. L'intelligence est ce qu'il y a de plus absolu, ou, si l'on veut, de moins inabsolu, dans la relativité humaine. *Cogito, ergo sum.* Je sais pourquoi je pense, et non pourquoi je vois, ou pourquoi je touche, ou pourquoi j'entends. Elle n'était pas si erronée, la théosophie de la renonciation des Hindous, quand ils cherchaient à arriver à l'absolu par l'abstraction de l'intelligence, quand ils cherchaient à s'identifier avec l'intelligence suprême de la divinité par la connaissance. N'est-ce pas au même but que tendent, en dépouillant la fiction de son beau symbolisme enfantin, les grands métaphysiciens allemands des âges modernes?

Il n'y a pas d'aphorisme plus profond que celui de Bacon, qui aujourd'hui indigne si fort les philosophastres : « Peu de science conduit à l'incrédulité ; beaucoup de science à la foi ». Telle est la nature humaine. La connaissance superficielle

de soi-même la rend défiante ; une ample connaissance de soi-même la rend croyante.

Ce n'est pas par ignorance, mais c'est parce que
je possède une imagination disciplinée par des
études très variées, que je crois en la possibilité
de beaucoup de « miracles » du christianisme.
Si demain un témoin oculaire me racontait : « J'ai
vu un fakir qui a passé cent jours en extase,
debout, sans se reposer ni manger, la pupille
dilatée et fixée vers le ciel, ses bras décharnés
étendus vers l'Orient... Rapidement *un quelque
chose* d'inusité, d'énigmatique, de terrible, s'em-
para de ses nerfs. Sa face d'ascète est un masque
surhumain. Son regard ressemble à celui d'un
serpent qui fascine le firmament. Le firmament
est sa proie! Ses mains, qu'on dirait à la fois
fermes et tremblantes, déroulent lentement, très
lentement, une large corde de chanvre reco-
quillée à sa ceinture. Avec des gestes qui ont
quelque chose de la douceur féline, presque imperceptibles, comme s'ils n'interrompaient pas
l'immobilité extatique, il lance soudainement la
corde dans l'espace. La corde reste droite dans
l'air, contre toutes les lois physiques, comme si
une barre de fer était assujettie à ses extrémités.
Et le fakir, étranger à tout ce qui l'environne, fixe
dans l'espace les yeux vitreux de son masque de
chair, se soulève facilement sur la corde à la force
des poignets, en dépit de sa vieillesse et de la
débilité occasionnée par ses jeûnes interminables.

Une fois parvenu à une hauteur étonnante, il lâche la corde, qui tombe à terre, de nouveau flexible et soumise aux lois de la pesanteur, et sa figure se perd, radieuse, dans l'espace, comme un astre voguant... Je l'ai vu ! Je l'ai vu ! » A cette affirmation, je lui répondrais simplement : « C'est la vérité ». Au contraire, mon domestique, qui est bien l'homme le plus ignorant que j'aie jamais connu, penserait, si le témoin oculaire lui faisait ce récit, que ce témoin cherche à se gausser de son ignorance. Le sacristain de l'église de ma paroisse, qui est un pauvre d'esprit, regarderait ce récit comme une invention du démon. Le curé, qui est très versé en théologie, le nierait aussi. C'est que mon domestique, le sacristain et le curé sont, chacun à sa manière, des sceptiques. Mon domestique ne croit qu'en ce qu'il voit, entend, touche et goûte ; je pense même qu'il ne croit qu'en ce qu'il mange. Le sacristain ne croit qu'en ce que lui a enseigné le curé ; le curé, qu'en ce qu'il a appris dans les Pères de l'Église. Mais ce que mon domestique mange, ce que le curé a enseigné au sacristain de l'église de ma paroisse, et aussi tout ce que ledit curé a appris dans ses théologiens, n'est pas toute la vérité. C'est à peine si tout cela représente une millionième partie de la vérité. Il reste neuf cent quatre-vingt dix-neuf mille neuf cent quatre-vingt dix-neuf millionièmes de parties dans lesquelles aucun des trois ne croit. Donc je suis beaucoup moins sceptique qu'eux,

puisque je crois en la millionième partie de la
vérité en laquelle ils croient, et que je crois dans
les neuf cent quatre-vingt dix-neuf mille neuf cent
quatre-vingt dix-neuf millionièmes de parties qui
restent, et qu'eux nient, imprudemment et orgueilleusement.

On me dira que croire à tout c'est ne croire à
rien ; que, moi, je ne crois pas de la même manière que mon domestique, mon sacristain et mon
curé ; que je suis beaucoup plus « sceptique »
qu'eux. C'est selon. Je crois en tout ce qui est la
vérité. Et si vous trouviez en ceci, chers lecteurs,
une pétition de principes, je vous dirais : « Je
crois que tout ce qui doit être vérité, est vérité ;
que tout ce qui est sincère, ce qui répond à nos
besoins psycho-physiques, est vérité ». Mais je ne
crois pas en ce qui est plaisanterie, feinte, imposture, hypocrisie. En un mot : je ne crois pas
en ce qui est mensonge. Si dimanche prochain,
à ma sortie de la messe, mon curé, mon scristain
et mon domestique me disaient : « Il n'y a qu'un
Dieu, Allah, et Mahomet est son prophète ! », je
leur répondrais : « Vous mentez, drôles ! » Mais
si un ermite qui a vécu trente ans dans une caverne
de l'Arabie Pétrée, se servant, comme oreiller,
dans ses nuits d'insomnie, d'un Koran revêtu
d'une couverture en bois, m'interpellait ainsi :
« Il n'y a qu'un Dieu, Allah, et Mahomet est
son prophète ! », je lui répondrais : « Ainsi soit-il !
A l'aide de la vérité qui coule à torrents de vos

lèvres, purifiez mon cœur d'infidèle, ô saint homme ! »

Je suis donc infiniment croyant ; et être infiniment croyant est tout à fait le contraire d'être infiniment sceptique. Si l'aspiration de l'homme vers l'idéal est infinie, et si, sur les ailes de cette aspiration, il invente chaque jour de nouvelles vérités qui tendent vers un perfectionnement infini, comment n'être pas infiniment croyant ? Ma contexture intellectuelle est, par conséquent, bien différente de celle de mon domestique, qui croit seulement en ce qu'il mange ; de celle de mon sacristain, qui croit seulement en ce qu'il sent ; et aussi de celle de mon curé, qui croit seulement en ce que sentent et pensent les autorités théologiques. Je ne crois pas seulement en ce que je mange, sens et pense, mais aussi en ce que les autres pensent, sentent et mangent. Mon critérium est plus étendu, mais mon orgueil est plus borné. Je me rappelle plus fréquemment qu'ils ne le font, que, bien que je connaisse seulement le monde par mes sensations, mes représentations et ma volonté, je ne suis pas le centre du monde. C'est grand dommage que nous ignorions la notion de la vérité possédée par les habitants de Mars ou de Saturne, ou tout au moins celle que renferment les crânes obscurs des vermisseaux qui grouillent dans la fange profonde de la terre ! Malgré tout, je m'imagine très bien que, pour la souris affamée qui ronge un fromage, la vérité doit se circonscrire à la sphère du fromage. Le dépôt, les employés, la fabrique où l'on a confectionné le fromage, les vaches qui donnèrent le lait à cet effet, l'agréable vallée, le soleil qui baigna la peau tachetée du troupeau, tout cela, pour la souris, doit être un mensonge. Si quelque personne lui parlait de cela, la souris répondrait que ce sont de ridicules fantaisies de théosophes, théologiens et métaphysiciens. Et les hommes, comme la souris, ne croient en général qu'aux substances qui alimentent leur corps et leur esprit.

THÉORÈME DU BIEN. — *L'homme a inventé la notion du bien pour ses satisfactions personnelles.*
L'homme a besoin pour pouvoir vivre, suivant les investigations les plus récentes de la psycho-physiologie, et en dépit des jérémiades romantiques des pessimistes, d'une compensation entre la douleur et le plaisir, favorable au plaisir. Le déséquilibre défavorable au plaisir qui ne soit pas passager et de facile réaction est seul possible dans des états pathologiques (au physique et au moral) d'où résulte infailliblement la mort, tardive ou prématurée. Toutes les facultés humaines tendent consciemment ou subconsciemment vers la fin idéale de la félicité parfaite : non pas pour atteindre cette fin, ce qui n'est pas possible en ce monde, mais pour équilibrer le plus favorablement possible un maximum de plaisir avec un minimum de douleur. Qui veut le plus peut le moins.

Les aiguillons des actions humaines sont : la faim, pour la conservation de l'individu ; l'amour, pour la conservation de l'espèce, et l'aspiration vers le perfectionnement, pour le progrès. Cette dernière aspiration, par suite de la puissance supérieure des facultés humaines, n'est, à la différence de ce qui arrive pour les animaux, qu'un complément divin en vue de la lutte pour la vie de l'individu et de l'espèce. C'est pour cela qu'il est dit dans la Genèse que Dieu fit l'homme à son image. Qu'est-ce que Dieu, dans l'imagination des hommes, sinon l'aspiration à l'absolu *(causa sui)* ? Sans remonter à la conception ultra-aristocratique de la théosophie hindoue, Jésus l'a dit, dans le divin sermon sur la Montagne, d'une manière admirablement démocratique, c'est-à-dire compréhensible pour les plus humbles intelligences de ses auditeurs, — des pêcheurs et des mendiants (Saint Matthieu, V, 47) : « Soyez donc parfaits, comme votre Père céleste est parfait ».

Dans tous les idiomes il y a eu toujours un terme précis qui s'appelle « bien » (ou le bon) ; et en tous temps et en tous lieux, donnant à ce terme tantôt telle acception, tantôt telle autre, la fin suprême de l'homme, en dépit des minorités d'hommes de mauvaise volonté, a été le « bien ». Mais où réside le bien ? Je crois que, quelles que diverses qu'aient été les conceptions du bien à travers le temps et l'espace, le psychologue rencontre facilement une ligne de parenté étroite entre toutes ces conceptions. Alors, qu'est-ce que le bien ? Le bien, a-t-on dit avec une sagesse profonde, est ce qui, moralement et physiquement, est utile à l'homme. Mais qu'est-ce qui est utile à l'homme ? « Ce qui peut lui procurer, a enseigné Socrate, une vie agréable et exempte de douleur[1] ». Le bien est donc, par conséquent, suivant ce que je déduis de l'Histoire, la santé, la vertu, le salut (béatitude), la richesse. Donc, je pourrais synthétiser ma pensée en cette double formule : *le bien est unilatéral, mais il se présente aux hommes,* suivant les époques et les peuples (et même les individus), *en objectifs abstraits et absolus différents.* Ces objectifs sont les idéaux de bonté, de vérité, de beauté, tous apparentés entre eux par un lien commun et originel : l'aspiration à l'absolu, la tendance fatale vers le perfectionnement, c'est-à-dire le progrès. Ces objectifs sont, chez les individus, les sociétés et les époques, des idées-forces.

Qu'il y ait un peu d'hallucination dans l'absolu de ces objectifs, j'en conviens. Mais cette hallucination qui conçoit comme panacées universelles tel ou tel facteur, n'est pas un caprice de la pensée. C'est une illusion, ou, pour mieux dire, une exagération de la faculté intrinsèque à aspirer qui caractérise l'homme par rapport aux

1 Platon, *Protagoras,* liv. II, chap. XXI, § 136; chap. XXXVIII, § 180-190; — Xénophon, *Dits mémorables de Socrate,* liv. IV, 2, 5.

bêtes, appliquée, dans les circonstances d'un moment donné de l'Histoire, à un état social déterminé. Aussi est-il indispensable d'étudier avec un
sens critique les sources primitives du bien et du
mal, l'éthique grecque et l'éthique chrétienne,
pour ne jamais se laisser trop halluciner ; ou, plus
justement, pour séparer les *causes réelles* de ces
demi-hallucinations des grands théoriciens. L'erreur de ceux-ci consiste à généraliser, sur les ailes
de cet enthousiasme vaniteux que provoque dans
l'investigation une découverte transcendante, des
doctrines qui ne sont partiellement vraies qu'au
sujet de certains hommes et de certaines époques.
Tel il en est du concept de l'histoire de Bossuet,
quand il applique un critérium chrétien à des
sociétés païennes, et de celui de Karl Marx, quand
il juge des temps théocratiques à l'aide d'un critérium exclusivement économique.

THÉORÈME DE LA BEAUTÉ. — *Le bon et le beau
sont un même et unique phénomène psycho-physiologique.*

Dans l'ordre moral, politique et religieux, ce
n'est qu'à des critériums myopes qu'échappe le
sédiment utilitaire de l'idéal. Dans l'ordre esthétique il est plus facile de se tromper, surtout
quand on est sous l'influence de préjugés scolastiques et romantiques. Je crois que l'homme produit la beauté pour que la beauté lui procure du
plaisir. Cependant, on calomnie la beauté. « Le

beau, suivant la définition de Kant, c'est ce qui
plaît sans que l'intérêt s'y mêle ». Mais si la chose
nous plaît, n'y a-t-il pas un plaisir dans ce fait de
nous plaire ? Et s'il y a plaisir, n'avons-nous pas
intérêt à ce qu'elle nous plaise ? Imaginons-nous
Michel-Ange ayant achevé son Moïse. Quel plaisir
plus grand que le sien à dire à sa statue : « Eh !
parle donc ! » Contemplons telle ou telle œuvre
d'art, même les plus tragiques. Et je ne veux pas
que nous demandions si cela nous produit ou non
du plaisir, parce qu'il n'y a rien de plus banal
que cette question. Alors, la réalisation de la
beauté cause un plaisir suprême à l'artiste créateur ;
et son admiration, un plaisir relatif à l'artiste
eunuque, c'est-à-dire à l'immense majorité des
mortels inféconds. Il y a une grande vérité, par
conséquent, dans la définition de Stendhal, quand
il nous dit que la beauté est *une promesse de félicité.* Donc, pour Stendhal, comme l'observe
Nietzsche, la beauté est exactement un aiguillon
de la volonté (l'intérêt d'une promesse de plaisir).
En revanche, Schopenhauer parle ainsi de la
condition esthétique : « C'est l'ataraxie qu'Épicure
proclamait le souverain bien, auquel il fait par-
ticiper les dieux ; sur le moment et tandis que
dure cette condition, nous sommes affranchis de
l'odieuse obligation de vouloir, nous célébrons le
repos du travail de la volonté... » En un mot, la
beauté produit la délicieuse sensation de nous
affranchir passagèrement du tourment de la

volonté. Par conséquent, la beauté est utile pour le plaisir, utile pour la vie.

Comment la définir? Je ne trouve exactement d'autre définition de la beauté que celle-ci : *toute représentation (Vorstellung) qui suscite en nous une sensation de plaisir, différente de la satisfaction immédiate de la faim et de l'amour*. Elle a peu de rapport avec la faim, beaucoup avec l'amour, indirectement, et, directement, beaucoup plus avec l'aspiration vers un éternel perfectionnement, le sentiment humain par excellence.

Ainsi donc, le bien et le beau ont une même genèse physio-psychologique : l'intérêt, l'utilité, — la production du plaisir.

CHAPITRE XIX

Rapports réciproques de la vérité, de la bonté et de la beauté.

La bonté et la beauté sont deux abstractions inventées par l'aspirabilité humaine. C'est-à-dire que l'homme a inventé la bonté et la beauté pour se perfectionner, dans son impulsion intime à se perfectionner d'une façon illimitée. Comme la vérité, la bonté et la beauté sont deux manifestations immédiates de l'aspirabilité humaine, et leur objectivation dernière et logique est le progrès.

Mais si la vérité, la bonté et la beauté sont des inventions de l'aspirabilité humaine, en quoi diffèrent-elles entre elles ? La foule ne confond jamais le vrai, le bien et le beau ; toujours elle sait distinguer, et dit : « Ceci est vrai, est bien, cela est beau ».

La vérité est la *condition générale de réalité,* d'effectivité au physique ; au moral, de sincérité. La vérité morale absolue est un dérivé de la vérité physique ; mais si la vérité physique est invariable, la vérité morale, comme nous l'avons vu, est variable. En conséquence, si la vérité physique peut être absolue, la morale ne peut l'être qu'en relation avec le sujet, le milieu et l'époque.

En revanche, si la vérité est la condition générale de réalité, applicable au plaisir et à la douleur, la bonté et la beauté sont des *qualités spéciales qui provoquent du plaisir*. De là la différence entre la vérité et la bonté et la beauté.

Mais, bien que la bonté et la beauté soient, dans leur essence génétique, une seule et même résultante de l'aspirabilité humaine, une qualité spéciale que l'aspirabilité humaine prête à tout ce qui la satisfait, dans la pratique quotidienne elles se présentent comme deux qualités distinctes. Le public ne se trompe pas quand il dit : « Ceci est bien, et cela est beau ».

Différencier philosophiquement le bien du beau, cela n'est pas facile, car, comme l'enseigne l'éthique grecque, *tout ce qui est bien tend à nous paraître beau, et tout ce qui est beau à nous paraître bien*.

Cependant, malgré l'origine commune, il doit exister une différence radicale entre l'un et l'autre. La théologie a séparé la bonté de la beauté, au moins de la beauté physique, parce qu'elle considérait celle-ci comme une qualité concupiscente, c'est-à-dire relative à la sexualité. Dans cette distinction je trouve la base pour délimiter le bien du beau, conformément à la formule suivante : le bien tend à produire le plaisir, et par conséquent le perfectionnement, l'accroissement des facultés vitales des hommes en leur état actuel, le présent ; le beau, le perfectionnement de la race, c'est-à-dire des hommes de l'avenir. Le bien se réfère à l'instinct de conservation et à l'aspiration au progrès actuel ; le beau, à l'instinct sexuel et à l'aspiration au progrès de la race. Le bien est la sociabilité, l'épuration, la morale, tout ce qui achemine directement l'action des hommes vers le progrès ; le beau est la plasticité, l'harmonie des formes et des concepts, tout ce qui achemine indirectement la volonté des hommes vers un perfectionnement de la race. Mais on ne doit pas conclure de ceci que je regarde seulement comme beau ce qui tend au perfectionnement physique de la race ; je regarde aussi comme tel ce qui mène, par l'hérédité psychologique, au perfectionnement psychique. Sans la bonté ne peut exister la sociabilité, qui produit le progrès par la division du travail de forces collectives ; et sans la beauté ne peut exister l'affinité élective, physique et morale.

Les sciences physico-naturelles modernes corroborent cette doctrine, dont l'origine, pour la bonté, se trouve exposée catégoriquement par Socrate, chez Platon ; pour la beauté, chez Darwin. Cela n'empêche pas qu'on n'ait émis avant et depuis, au sujet des deux concepts, des théories plus ou moins acceptables et plus ou moins semblables. La plus notable, à mon avis, est celle de Schelling sur l'art.

J'ai déjà expliqué comment un instinct utilitaire ou un utilitarisme instinctif forme nos concepts du bien et du mal pour la sociabilité et le progrès. Il convient maintenant que je démontre comment ce même instinct utilitaire engendre nos concepts du bien et du beau pour le perfectionnement de la race.

Il suffit de faire entendre quelle est la véritable nature du bien et du beau, pour comprendre que les animaux, spécialement les animaux supérieurs, ne peuvent manquer d'une notion plus ou moins rudimentaire de l'un et de l'autre, puisque tout ce qui est humain se trouve en germe chez les bêtes. Des sentiments semblables à ce que nous appelons bonté chez les hommes doivent exister chez les animaux qui ne se dévorent pas entre eux dans la même espèce, qui remplissent les devoirs de famille, et, parfois, même ceux de sociabilité. La beauté physique peut, à l'époque du rut, exaspérer leurs passions. Mais le très rudimentaire concept animal du bien et du beau n'est qu'une infime parodie du concept humain : c'est qu'il manque de la force qui le soulève, qui l'épure, qui le concrète, qui le développe jusqu'à la conception de l'infini : l'aspirabilité. L'homme conçoit le progrès de la bonté et de la beauté jusqu'à l'infini ; la bête ne conçoit pas le progrès dans la manifestation de son instinct de conservation (bonté animale), et de son instinct génésique (beauté animale). La bonté n'arrive qu'à la conservation de l'individu ; la beauté, qu'à la conservation de l'espèce. Il leur manque l'au-delà, qui fait de la bonté humaine l'aspiration infinie de toutes les religions, et de la beauté l'inspiration infinie de tous les arts. « Être parfait », comme dit Jésus dans l'Évangile de Saint Matthieu, c'est s'élever en bonté jusqu'à l'infini. Suivant Schelling, la beauté est « la perfection de l'infini dans le fini ».

Gœthe a trouvé un terme exact pour exprimer l'inclination d'un individu d'un sexe pour un autre individu déterminé du sexe opposé, c'est-à-dire le choix de l'amour : affinité élective. Schopenhauer, empiriquement, guidé par des assertions biologiques, réduit à deux les lois de l'affinité élective : 1° l'inclination amoureuse répond à l'idéal d'un type moyen de race, de manière que, les traits de caractère d'un époux complétant ceux de l'autre, ils tendent de chaque côté, les extrêmes se cherchant, à produire dans le rejeton, par le phénomène de l'hérédité, ce type moyen ; 2° l'attraction est d'autant plus grande que les personnes sont plus rapprochées du moment de leur plus grande puissance reproductive.

Incontestablement il y a dans la première loi une part de vérité, et la seconde est absolument exacte. Le principe psychologique est le suivant :

Chacun se forge un type idéal de l'espèce, et, dans ses passions amoureuses, tend instinctivement à trouver un individu du sexe opposé avec lequel, l'hérédité amalgamant les conditions de tous deux, il puisse procréer un rejeton qui reproduise son type idéal.

Les lois de l'affinité élective, rapportées à ce principe, pourraient alors s'énoncer ainsi :

1° Les bonnes qualités tendent à s'accentuer, en cherchant des ressemblances.

2° Les mauvaises qualités tendent à diminuer, en cherchant des caractères opposés aux contrastes.

3° L'attraction sexuelle d'un individu est, en compte général, et en cherchant un terme moyen d'affinités, d'autant plus grande qu'il se rapproche du type idéal de l'espèce.

4° L'attraction sexuelle d'un individu est d'autant plus grande qu'il se trouve plus près de l'époque de sa vie dans laquelle il possède une plus grande puissance reproductive.

CHAPITRE XX

Le progrès par l'éducation.

Obéissant à la loi d'aspirabilité humaine, dont la manifestation est le progrès moral et matériel des sociétés, toutes les spéculations de l'humaniste se ramènent à « l'amélioration de l'homme ». En vertu de cette même loi, qu'on a appelée loi d' « innovation », de « protestation », de « rébellion », de « réaction par contrastes », chaque humaniste transcendant se forge *son* cosmos, et avec des matériaux anciens et connus construit et adapte à soi-même et à son milieu ambiant un système relativement nouveau et personnel. La puissance de l'humaniste est, on peut le dire, en relation avec son *originalité concordante* par rapport à sa race, et, si ce n'est pas avec le temps présent, du moins avec le temps immédiatement futur. Une *originalité discordante* ne peut jamais être ni spontanée, ni efficace, c'est-à-dire *véritable*. Presque toujours, vu que l'homme ne peut s'abstraire ni de sa patrie, ni de son hérédité psychologique, elle est dégénérée et se présente sous forme atavique ou anachronique. Seul, celui qui

sait résumer, incarner et intensifier des sentiments de réaction qui flottent dans l'air, qui pal-
pitent dans la subconscience-subvolonté de tous,
quoiqu'ils n'aient pas dépassé encore le seuil de
la conscience-volonté, celui-là est sincère, efficace,
prêche la vérité. Seule son « originalité concordante » peut être robuste et impérative ; l' « originalité discordante » n'est que divagation, débilité
et régression.

Entre l'originalité suprême du régénérateur, du
héros, de l'homme de génie, et la vulgarité du
troupeau de Panurge, prend place toute une série
d'originalités relatives qui appartiennent à des
humanistes plus ou moins anonymes, plus ou
moins transcendants. Tous ils forment une colonne
humaine qui s'élève du sol, comme celles que
construisent les acrobates dans les cirques, les pieds
des uns sur les épaules des autres ; seulement, au
lieu que, comme dans celles-ci, les plus forts se
trouvent en dessous, dans la région des idées ce
sont au contraire ceux qui montent le plus haut
qui témoignent le plus de vigueur. Et nous ne
pouvons pas voir bien loin, sans grimper sur les
épaules d'autrui. Le pouvoir de s'élever dépend
du travail, et particulièrement de la puissance intellectuelle ; le meilleur symptôme de la puissance
intellectuelle, du pouvoir de progrès d'un individu
choisi, est ce que j'appelle son originalité concordante. Aussi le système de recrutement des professeurs des Universités allemandes est-il très bien

établi : on exige d'eux, en effet, bien moins des
connaissances de mémoire en une matière déterminée, qu'un travail original, plus ou moins original, bien entendu. Et c'est par l'excellence de leur
corps enseignant que les Universités allemandes
sont les meilleurs instruments du progrès national.

Mais quelle est aujourd'hui la meilleure forme
d'expression du cosmos original de chaque humaniste? Quel est le meilleur champ d'application
des nouvelles spéculations humanistes ?

Aux temps théocratiques de Bouddha et de
Zoroastre, alors que l'homme antique était enclin
à croire enfantinement au surnaturel, l'humaniste
thaumaturge, l'omnipotent, condensait son cosmos en innovations religieuses. Aux temps antiques
d'Aristote et de Platon, alors que l'homme, sorti
de l'enfance et entré dans l'âge de l'amour, admi-
rait avant tout l'harmonie des formes, l'huma-
niste-philosophe, l'omniscient, le concrète en
dissertations d'éthique. Aux temps vénaux de la
décadence gréco-latine, quand l'homme, déjà in-
crédule et sans freins d'idéal, luttait pour satisfaire d'une façon quelconque son égoïsme, l'hu-
maniste-avocat le projette en démonstrations
juridiques. Aux temps scolastiques, où l'idéal du
christianisme imposait la dualité mystique de
l'Église et de l'Empire, dans l'ère de saint Augus-
tin et de saint Thomas d'Aquin, l'humaniste-
ascète décrivait son cosmos en traités de théolo-

gie. Aux temps de l'humanisme de la Renaissance,
où l'intellect germanique luttait pour s'affranchir
de la théologie de Rome, l'humaniste-panthéiste
le développe en métaphysique. Et aux temps où
l'homme, en ayant assez des privilèges de caste,
cherchait la pleine reconnaissance de ses droits
d'homme, le néo-humanisme de la Révolution
française établit ses doctrines, à l'anglaise, en
conceptions politiques. Aujourd'hui les religions,
le droit, la théologie chrétienne, la métaphysique
et la politique ont conquis leurs franchises et forment les chaînons de la grande chaîne d'idées du
passé. A l'avenir, dans quelle spécialité idéolo-
gique l'humaniste, inspiré par les anciens et toujours nouveaux idéaux de félicité et de progrès,
circonscrira-t-il le concept de son cosmos?

Dans l'Histoire? L'Histoire présente des données, mais ne se constitue pas en doctrine morale.
Dans l'économie politique? De la même façon,
l'économie politique présente des données et aussi
des théories, mais ne fournit pas la doctrine morale
que recherche l'humaniste. Dans la sociologie?
La sociologie, en concret, est l'Histoire et l'économie politique; en abstrait, la politique. Parfois,
l'éducation modèle... L'éducation ! C'est ici le
meilleur champ de manœuvres et le champ de ba-
taille de l'humaniste contemporain. Toutes les
spéculations biologiques, psychologiques, sociologiques, doivent s'appliquer aujourd'hui sur ce
terrain des plus fertiles, de même que les eaux

du versant Nord-Est de l'Afrique convergent dans la vallée du Nil.

Le prophète Tolstoï soutient que nous traversons une époque d'expectative ; que les sociétés modernes doivent penser, apprendre et examiner prudemment, avant de s'engager dans telle ou telle voie. Ainsi un voyageur qui arrive à l'intersection de deux, de trois, de beaucoup de chemins qui se rencontrent en un point, et ne sait laquelle des polyfurcations il lui faut prendre pour parvenir à son but, doit s'asseoir là sur une pierre et rester à méditer, jusqu'à ce que passe quelqu'un qui l'oriente.

Aujourd'hui, les sociétés, immobiles, apprennent à s'orienter. C'est la caractéristique de notre époque. Nous éduquer, nous éclairer, nous orienter, c'est le *modus operandi* de notre intellect contemporain. Il ne s'agit pas de convulsions religieuses ni d'improvisation de dogmes politiques. Il s'agit d'espérer, d'analyser, de mesurer, de peser, d'étudier, de nous éduquer ! Vous ne resterez pas stationnaires, hommes, de par les lois évolutives de votre nature ; mais quel est le système économico-politico-moral qui convient le mieux à l'avenir de notre race, à son bonheur, à son progrès ? C'est là une inconnue, et qui n'admet pas, comme au temps jadis, des héros qui la dégagent par inspiration divine. Vieillie et expérimentée, l'humanité ne veut pas improviser des habitudes

nouvelles, et prétend examiner soigneusement au
préalable si les changements sont bons et possibles. Même convaincue de leur bien fondé, elle
attendra que la nécessité les impose. En vain
s'agitent quelques anarchistes énergumènes ; leurs
cas perturbateurs sont isolés. Dans les congrès
mêmes du socialisme scientifique on est arrivé à
déclarer que le socialisme triomphera non par une
révolution sanglante, mais pacifiquement, par
l'évolution des idées et des mœurs. En fait, dans
la pratique comme dans la théorie, la politique,
depuis la Révolution française, est restée station-
naire. On attend quelque chose de grand, de fondamental ; mais quoi ? pour quand ?

D'autre part, l'Histoire démontre que les changements les plus radicaux de systèmes religieux et
politiques ne modifient que légèrement, partiellement et lentement, les conditions de la vie humaine. A Brahma a succédé Bouddha, à Bouddha
ont succédé les théocraties orientales, les répu-
bliques et l'empire, le christianisme, puis la
Réforme, puis la Révolution française. Et sous
quelle forme toutes les vicissitudes politico-morales
ont-elles amélioré la vie de l'homme ? Les castes
furent remplacées par l'esclavage et le patriciat ;
l'esclavage et le patriciat par la féodalité ; la
féodalité par le spiritualisme. L'oppression des
puissants ! Toujours l'oppression des puissants !
Et cependant chacun de ces systèmes s'est pro-
clamé, à sa naissance, une panacée de toutes

les misères humaines. Sommes-nous plus heureux aujourd'hui qu'autrefois? Peut-être... et assurément plus méfiants. Prolétaires, penseurs, même bourgeois, pour amener le changement du régime économique actuel, veulent au préalable deux choses : une quasi-certitude qui démontre la convenance de l'innovation, une quasi-fatalité qui l'impose. Pour que nous arrivions à la certitude relative qui convient ou pour ne pas changer les rôles de la comédie humaine, nous devons nous instruire, nous éduquer, donner un libre cours à notre pensée. Pour que la fatalité impose les réformes civilisatrices, il est indispensable que les hommes l'imposent, et pour que les hommes l'imposent, il est indispensable que les hommes s'éduquent. Nous sommes à une époque d'éducation sociale. En notre siècle, gouverner c'est répandre et améliorer l'éducation. Gouverner, c'est éduquer.

Le *Contrat social* et des traités de politique analogues modelèrent la Révolution française ; l'évolution universelle du temps présent et de l'avenir est modelée par l'éducation des hommes ; l'éducation, par les conceptions des humanistes. Voilà pourquoi, au début de mes études sur l'humanité, j'ai concrété mon cosmos en un traité d'éducation ; pourquoi j'ai exposé sous un point de vue éducatif les linéaments généraux de toutes mes idées sur la morale, la politique, l'histoire, l'économie politique, la psychologie, la logique, la so-

ciologie. La vérité morale est une montagne
immense, et l'humaniste un voyageur qui doit la
décrire; la plus grande difficulté du voyageur
consiste à savoir quelles routes lui sont accessibles
et de quel point de vue il dominera mieux le
panorama. Ce point de vue est aujourd'hui l'éducation.

Ils sont passés, les temps anciens où la condition des peuples ne s'améliorait que par un changement de religion impliquant comme conséquences des innovations morales et politiques. Ils
sont passés aussi, les temps modernes où la condition des peuples ne s'améliorait que par un changement de régime politique impliquant des innovations économiques. A l'époque contemporaine
a triomphé la démocratie, le pouvoir individuel
de chaque homme. Le résultat de ce régime politique est l'égalité des citoyens comme droits et
comme devoirs. L'effet de l'égalité est la généralisation de l'éducation par tous pour tous. Seules
la culture, l'éducation, égalisent les hommes jusqu'où le permettent les inégalités humaines.
Aussi l'esprit de l'époque peut-il se synthétiser en
ces deux formules : Démocratie = Égalité = Éducation ; Progrès contemporain = Richesse = Éducation.

Le problème reste toujours le même : améliorer l'homme. Mais ce problème doit s'adapter à la
ouleur de l'époque. Ainsi une famille animale
épandue par toute la terre adopte en chaque

région une nuance extérieure qui s'harmonise avec son milieu ; l'ours est noir dans les forêts obscures et humides, brun dans les régions montagneuses, et blanc au milieu des neiges.

Appliquons maintenant à l'éducation le postulat de l'idée-force sociale exposé dans le chapitre ix. Nous avons vu que « la société n'est pas un total, mais le produit de ses membres », et que « les hommes ne sont pas des totaux, mais des facteurs ».

Supposons que l'éducation laisse, en une série sociale d'individus, quelques résidus positifs que nous appellerons x_1, x_2, x_3, x_4, x_5... Le progrès social ne sera pas équivalent à $x_1 + x_2 + x_3 + x_4 + x_5$... mais à $x_1 \times x_2 \times x_3 \times x_4 \times x_5$... Donc si nous appelons I l'ensemble des individus, et toujours x_1, x_2, x_3, x_4, x_5... la couche qu'ajoute à chacun l'éducation reçue, nous arrivons à établir que l'équation suivante est fausse :

$$I + x_1 + x_2 + x_3 + x_4 + x_5 + ... = \text{Progrès social} + I.$$

Mais celle-ci est exacte :

$$I \times x_1 \times x_2 \times x_3 \times x_4 \times x_5 \times ... = \text{Progrès social} \times I.$$

Par conséquent, en éducation, ou, pour mieux dire, dans l'économie de l'éducation, cet axiome a l'application suivante : *quand augmente la valeur positive d'une profession ou d'un ensemble, les valeurs des autres professions ou ensembles augmentent indirectement.* Si le résultat d'une opération mathématique est une simple somme, si l'on augmente la valeur de l'un des nombres, on augmente la somme, mais non celle des autres nombres que l'on considère toujours chacun isolément, en lui-même. Dans un produit, si l'on augmente la valeur d'un facteur, on augmente celle de chaque facteur adjacent, et tous les facteurs peuvent être considérés comme adjacents, car « l'ordre des facteurs n'altère pas le produit ».

Appelons H un ensemble quelconque, d'humanistes, par exemple, et M, un autre ensemble, de manufacturiers, si l'on veut. Tous deux réunis donnent, pour la société, un résultat de $H \times M$. Supposons que la valeur positive de H est 100, et celle de M 5 :

$$H . M = 100 \times 5 .$$

Si l'instruction élève jusqu'à 200 la valeur positive de H, industriels et humanistes réunis ne donnent pas une somme de :

$$H \times M = 200 + 5 = 205 = \text{Progrès social} ;$$

ils donnent un produit de :

$$H . M = 200 \times 5 = 1 000 = \text{Progrès social.}$$

Telle est la véritable équation. C'est-à-dire que si l'individu ou ensemble H augmente de valeur, l'individu ou ensemble M augmente également de valeur, et réciproquement, parce que chacun ne procède pas isolément à la manière des additionnants, mais ajoute, et *réciproquement,* à la manière des multipliants. Alors la valeur de M n'est pas 100 M, mais 200 M.

En conséquence, et comme corollaire : l'État, en perfectionnant particulièrement une branche quelconque de l'instruction publique, perfectionne son fonctionnement total, c'est-à-dire, d'une manière indirecte, la perfectionne tout entière.

———

CHAPITRE XXI

L'Inconnaissable.

L'unique notion nouvelle que le positivisme semble avoir fixée pour jamais dans la philosophie, c'est ce que Herbert Spencer a appelé « l'Inconnaissable », ce dont l'esprit humain pourra concevoir, mais jamais expliquer la réalité. Les philosophes antérieurs n'avaient pas osé reconnaître catégoriquement et définitivement qu'il y a quelque chose que l'homme imagine, mais ne comprendra jamais ; les théologiens l'auraient déclaré par hasard, s'ils ne se fiaient pas tant dans le pouvoir de la révélation.

Les idéalistes du passé, et même ceux du présent, sont enclins à considérer l'Inconnaissable comme un puits sans fond d'où ils peuvent tirer à plaisir toute espèce d'idées fondamentales. C'est de là que, comme reprenant leur propre bien, ils font surgir des notions qui ne sont pas moindres que l'existence d'un Dieu de bonté, l'immortalité de l'âme, la suprématie de l'âme sur le corps, la liberté, le bien absolu, le châtiment et la récompense après la mort. Ceci, qui manque de la prudence de l'âge de rai-

son, a toute la délicieuse poésie de l'enfance.
L'Inconnaissable est alors, pour le penseur enfantin, un Père incommensurable qui le pourvoit
de tout ce dont il a besoin, qui trouve une réponse
infaillible à toutes ses questions. Interrogez un
bambin de six ans sur les points les plus extraordinaires, et il vous répondra, très sérieux, très
convaincu, en mettant derrière le dos ses petites
mains innocentes et en vous regardant avec un
mépris candide pour votre ignorance : « Papa
vous répondra sur tout cela. Papa sait tout cela... et
beaucoup plus. Moi, qui suis petit, je ne le sais pas
encore, mais si je le lui demande, il me l'appren-
dra ». Observez ce jeune être, si de plus grands
viennent à le molester, et vous l'entendrez dire,
toujours convaincu : « Si vous me frappez, je le
dirai à papa, et il vous châtiera ». Si on le menace d'une foule qui viendra pour l'emprisonner,
comme Louis XVII, il se bornera à dire : « Papa
a un revolver et les tuera tous ». Si un autre
bambin lui parle de grandeurs, il répondra avec
conviction : « Quand il voudra, papa bâtira une
plus belle maison... Quand il voudra, il sera pré-
sident, roi, empereur... » Et s'ils se querellent,
ils se menaceront l'un l'autre de leur père, et, le
cas échéant, se diront : « Mais mon père est plus
fort que le tien ! Gare au tien, si tu me frappes !
il le paiera au mien ». Des discussions semblables
à cette dernière, qui paraît propre aux gamins
sans éducation, ont lieu entre les grands méta-

physiciens (et je dis grands, qu'on le constate, sans la moindre ironie). Alors le père de chacun est son cosmos, ou son *moi* (qui condense subjectivement le cosmos), ou, enfin, son infini (le cosmos, le *moi*, le système de chacun, sont des représentations de *son* infini). Et Schelling dit finement à Fichte : « Ton *moi* est incomplet, parce qu'il donne à chaque individu un monde distinct. J'élargis mon *moi* jusqu'à en faire ton *moi*. Représente-toi combien mon *moi* est ainsi meilleur que le tien, puisque j'unis les mondes ». Et Schopenhauer réprimande Schelling, avec l'intempérance d'un gamin qui, dans la colère, applique un soufflet : « Ton *moi* est absurde. Mon concept des représentations de la volonté est beaucoup plus fort. Par lui j'explique le problème du *servo arbitrio*. A quoi te sert ton *moi*, s'il n'explique rien ? Ce qu'il y a de bon dans ton stupide système, tu l'as pris du monde nouménal de mon père Kant. Là on comprend la question de la liberté, que ton *moi* et celui de Hegel, avec leur absurde langage apocalyptique, n'expliquent pas, mais obscurcissent au contraire de plus en plus. Mon *moi* qui est bon, qui vaut mieux que celui de mon père Kant, mon *moi* seul explique tout, tout ».

Ainsi les métaphysiciens discutent l'Absolu, en se mettant tous sous la protection de l'Inconnaissable de leur vieux et excellent père en philosophie, auquel ils ont pris *ad libitum*, durant tout le dix-neuvième siècle, ce qu'ils voulaient. Mais voilà que tout à coup arrive un *policeman*, très fort, très correct, qui reprend ces gamins qui se battent sur la voie publique pour une toupie... C'est que, tandis qu'ils se disputaient cette toupie symbolique de l'Absolu, — que chacun pouvait faire tourner comme il l'entendait, tranquillement, de côté, en oscillant, dans la main, sur un doigt, sur un fil, bourdonnant ou sifflant, — les sciences physico-naturelles, de Lamarck à Darwin et de Darwin à Haeckel, avaient réalisé des progrès extraordinaires. Éclairés par ces progrès, des philosophes de second ordre, aux voies infiniment moins profondes, concrétèrent le principe positiviste : à savoir qu'il ne faut rien admettre qui n'ait été démontré inductivement. L'état des connaissances humaines, à la fin du dix-neuvième siècle, était favorable à cette conclusion audacieuse, et cela au point que les polémiques métaphysiques s'apaisèrent. En effet, si l'on ne devait admettre que ce qui était démontré inductivement, si les mystères de l'Inconnaissable étaient inductivement indémontrables, comme cela est évident, et si la métaphysique essayait de les démontrer, la métaphysique, ainsi conçue, était une absurdité.

Mais les nouveaux philosophes matérialistes évolutionistes commirent et commettent un *lapsus* lamentable : ils cherchent orgueilleusement l'unité des connaissances humaines par le moyen des sciences physico-naturelles, comme base unique. Je démontrerai que cette conception du matérialisme n'est qu'une nouvelle absurdité métaphysique. Je tiens déjà la moitié de mon argumentation pour établie, puisque j'ai exposé, dans les chapitres antérieurs, que le matérialisme, comme l'idéalisme, ne sont que de pures hypothèses. Les démontrer serait démontrer l'Inconnaissable.

Il est évident qu'il y a des principes de mathématiques, de physique, de chimie, et spécialement de biologie, applicables à toutes les sciences et à tous les arts. Et il est absurde de prétendre enfermer toute l'immense et très solide construction de nos sciences morales dans l'étude de la biologie, quand la biologie peut seulement nous donner un groupe de faits importants, très importants en vérité, mais qui ne constituent pas tout l'ensemble des phénomènes historiques et psychologiques. Au maximum, la biologie serait alors aux sciences morales ce que l'algèbre est à l'astronomie. Rien de plus. Donc nous n'arrivons pas sur des bases positives à cette unité des sciences et des arts proclamée par Auguste Comte et affirmée par Herbert Spencer, mais simplement à prouver certains enchaînements forcés de toutes les sciences. Ce principe n'est pas nouveau, non. Au contraire, la science est née dans un seul berceau. Elle fut une et homogène à son origine, tellement que « philosophie » signifiait omniscience. A mesure qu'a progressé l'expérimentation humaine, les sciences ont été se diversifiant au point que les scolastiques, qui s'attachaient plus à la forme qu'à l'esprit des choses, séparèrent comme par une muraille chinoise une science d'une autre science, en suivant une nomenclature formaliste. Ici se place la réaction Comte-Spencer, qui, comme toute réaction, fit un effort pour aller plus loin qu'elle ne devait ni ne pouvait aller.

L'unité de la science est un rêve puéril, seulement concevable chez Pythagore, quand la pensée était encore dans l'enfance, bien que dans une très vigoureuse enfance. Où nous mènerait aujourd'hui cette prétendue unité ! A connaître le connaissable ? Mais si nous étudions le Connaissable par la subdivision du travail en une infinité de sciences spéciales ! A donner à ces sciences spéciales des bases communes et démontrées de psycho-physiologie ? Si pour cela n'est pas nécessaire l'unité des sciences, qui serait si préjudiciable à la variété des connaissances, et s'il suffit de constater les grands progrès des sciences physico-naturelles contemporaines ! Même quand n'existerait pas le « positivisme » tant prôné, ces progrès nous fourniraient des bases « positives ». A connaître l'Inconnaissable ? C'est là l'ambition secrète, inavouable, qui s'agite au fond de l'âme de tous les penseurs évolutionistes. Comment nous laissons-nous aller à la candeur de croire que nous expliquerons la *causa causarum* sans avoir fait même un pas dans la *Somme théologique* ?

Mais notez bien, messieurs les positivistes, cette observation tout à fait transcendantale : *plus que la sagesse humaine, c'est l'ignorance humaine qui enchaîne les sciences. L'unité idéale du connaissable est psychologiquement un nexus ou un DÉRIVÉ DE L'UNITÉ DE L'INCONNAISSABLE.* Et si vous n'admettez pas que c'est un dérivé, vous ne pouvez nier, du moins, que c'est un nexus. Dans lequel cas, rechercher lequel de ses deux membres est un dérivé duquel, ce serait là un problème de haute métaphysique, c'est-à-dire un problème insoluble pour notre capacité, qui, bien qu'elle conçoive l'existence de l'infini (nous aspirons), ne peut l'expliquer. C'est le fait, le plus grand des faits.

Quoique l'Inconnaissable soit *un* dans son essence psychologique, subjective, il peut adopter des formes sociologiques objectives très variées. En voici quelques-unes :

L'Inconnaissable en religion. — Dieu s'est-il créé lui-même ? Peut-il se détruire ? S'il est infiniment bon, pourquoi a-t-il créé le mal, et ne le supprime-t-il pas ? S'il est omnipotent, l'homme peut-il être libre ? Si dans l'omnipotence divine ne trouve pas place la liberté humaine, pourquoi châtier et récompenser les hommes ? Si l'homme est immortel, a-t-il existé avant de naître ? Si la vérité religieuse est une, comment inculper ceux qui, nés dans des pays où on ne la connaissait pas, ne l'ont pas connue ? etc., etc.

En métaphysique. — Quelles sont les premières causes ?

En éthique et en esthétique. — Peut-il exister une bonté absolue ? Peut-il exister une beauté absolue ? Peut-il exister un bonheur absolu ?

En jurisprudence. — La justice absolue existe-t-elle ? Les hommes sont-ils responsables de leurs actes ?

En physiologie. — L'origine de la vie. La suprématie du psychique sur le physique, ou *vice versa*; le nexus psycho-physique; le point de transition où les forces ou énergies physiques se transforment en forces et énergies psychiques, et *vice versa.*

En psychologie. — Dans le nexus psycho-physique, qu'est-ce qui prédomine, la matière ou la psyché ? Où commence et où finit la liberté humaine ?

En mathématiques. — L'infini, positif et négatif.

En logique. — La certitude absolue.

En mécanique. — Le mouvement perpétuel, son origine et sa fin.

En astronomie. — L'espace infini.

En physique et en chimie. — L'origine des substances et des forces et leur nature intime; les modernes doctrines d'*énergie...*

On pourrait continuer ainsi, en établissant une série interminable de formes du mystère de l'Inconnaissable. Mais, au fond, ce mystère est toujours le même, qu'on l'explique avec d'autres mots ou d'autres applications. En effet, il pourrait se simplifier ainsi :

Pour ce qui concerne l'ensemble de toutes les choses, animées et inanimées (religion, métaphysique, astronomie, physique, chimie, mécanique) : le commencement et la fin.

Pour ce qui concerne toute la vie animale (biologie) : le nexus psycho-physique et le libre arbitre.

Pour tout ce qui concerne l'homme (psychologie humaine, éthique, sociologie, droit) : le progrès indéfini.

Mais ces trois groupes, en somme, constituent un même et unique phénomène : l'Absolu, l'Infini, l'Inconnaissable. Tous équivalent au même et unique problème, que jamais les hommes ne résoudront, le problème qu'on pourrait appeler, pour faire pendant à la très relative unité de la science, catégoriquement et exclusivement, UNITÉ DE L'IGNORANCE HUMAINE.

Et maintenant, qu'est-ce que la métaphysique?
Jadis elle a été la science de l'Absolu. C'est répondre : elle est la science qui tâche de connaître ce que l'on ne peut connaître.

Aujourd'hui elle *doit être* : la science qui tâche de délimiter ce qui peut être connu de ce qui ne peut l'être. C'est-à-dire : le Connaissable de l'Inconnaissable.

Son utilité est indéniable : car rien n'a jamais plus nui, dans le passé, aux sciences physiques et morales, que d'entremêler à leur point de départ, comme vérités démontrées, de simples hypothèses de l'Inconnaissable, telles que l'immortalité de l'âme ou le libre arbitre. C'est là précisément ce que tâche d'éviter la doctrine MÉTAPHYSIQUE POSITIVE que je développe.

La *méthode* doit être exclusivement psychologique : car l'homme, pour connaître ce qu'il peut savoir et ce qu'il ne peut pas savoir, n'a pas d'autres données positives que l'homme même. En conséquence, je qualifie ma métaphysique positive de PSYCHOLOGIE TRANSCENDANTALE.

Pour terminer, ajoutons encore :

L'homme pourra-t-il jamais, suivant les doctrines psychologiques exposées plus haut, connaître, dans la future évolution de sa pensée, ce qui actuellement est regardé comme inconnaissable? Rien ne nous assure que cela ne peut arriver ; mais si l'homme parvenait à s'expliquer l'Infini, il inventerait alors, en vertu de son indestructible aspirabilité innée, l'existence d'un autre Infini, d'un Inconnaissable nouveau, supra-infini... S'il ne l'inventait pas, il cesserait d'être homme... En somme, le jour où l'homme connaîtra l'Inconnaissable d'aujourd'hui, il *créera* l'Inconnaissable de demain !

————

TABLE DES MATIÈRES

CHARTRES. — IMPRIMERIE DURAND, RUE FULBERT.

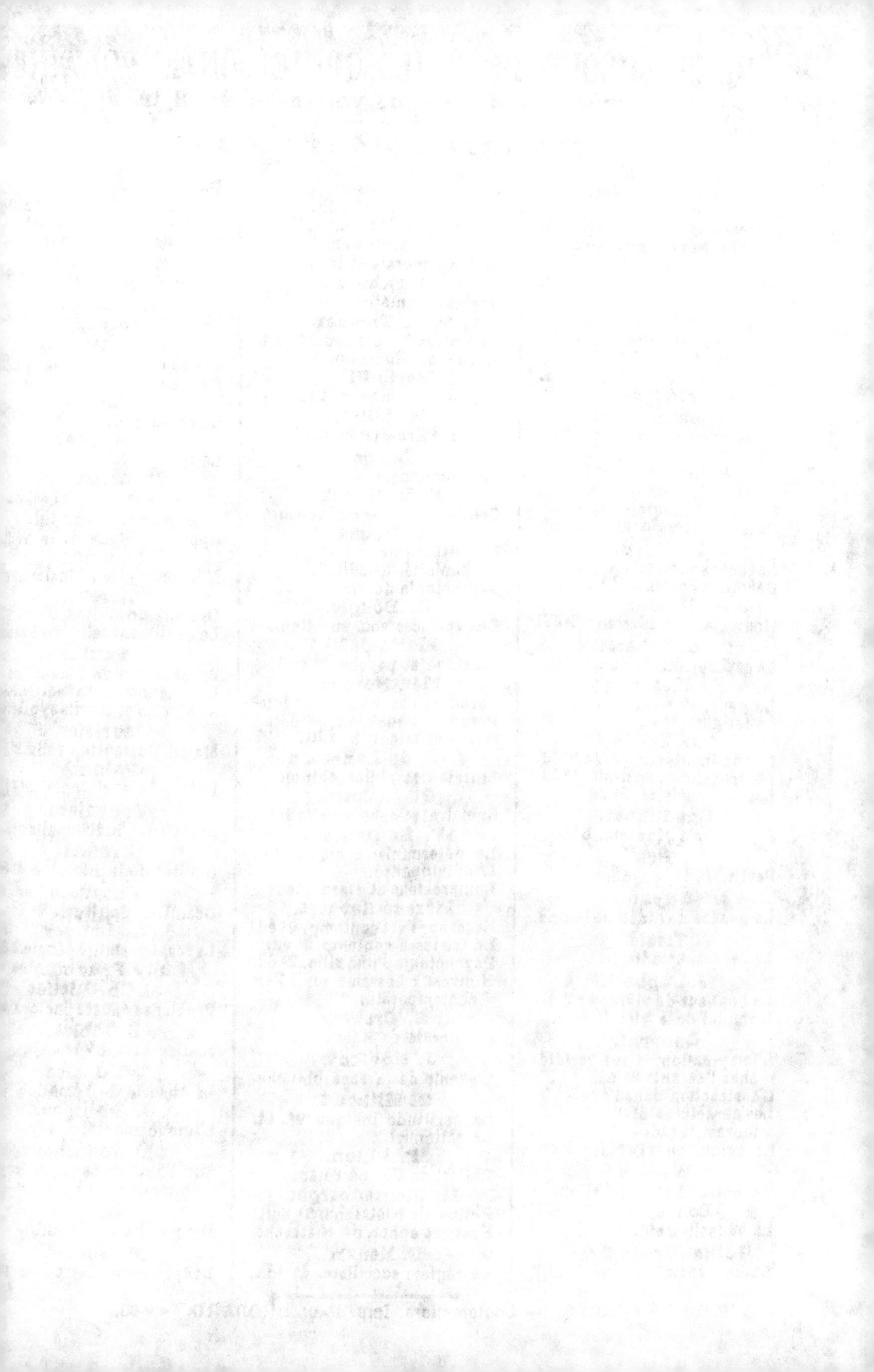

BIBLIOTHÈQUE DE PHILOSOPHIE CONTEMPORAINE

Volumes in-18; chaque vol. broché : 2 fr. 50

EXTRAIT DU CATALOGUE

J. Stuart Mill.
Auguste Comte. 6e édit.
L'utilitarisme. 3e édit.
Corresp. avec G. d'Eichthal.

Herbert Spencer.
Classification des sciences.
L'individu contre l'État. 6e éd.

Th. Ribot.
La psych. de l'attention. 7e éd.
La philos. de Schopen. 9e éd.
Les mal. de la mém. 16e édit.
Les mal. de la volonté. 18e éd.
Mal. de la personnalité. 10e éd.

Hartmann (E. de).
La religion de l'avenir. 6e éd.
Le Darwinisme. 7e édit.

Schopenhauer.
Essai sur le libre arbitre. 9e éd.
Fond. de la morale. 8e édit.
Pensées et fragments. 18e éd.

L. Liard.
Logiciens angl. contem. 3e éd.
Définitions géomét. 3e éd.

Naville.
Nouv. classif. des scienc. 2e éd.

A. Binet.
La psychol. du raisonn. 3e édit.

Mosso.
La peur. 2e édit.
La fatigue. 4e édit.

G. Tarde.
La criminalité comparée. 5e éd.
Les transform. du droit. 4e éd.
Les lois sociales. 3e éd.

Ch. Richet.
Psychologie générale. 5e éd.

Bos.
Psych. de la croyance.

Guyau.
La genèse de l'idée de temps.

Tissié.
Les rêves. 2e édit.

J. Lubbock.
Le bonheur de vivre (2 vol.)
L'emploi de la vie. 4e édit.

Queyrat.
L'imagination et ses variétés
  chez l'enfant. 3e éd.
L'abstraction dans l'éduc.
Les caractères et l'éducation
  morale. 2e éd.
La logique chez l'enfant. 2e éd.

Wundt.
Hypnotisme et suggestion.

Fonsegrive.
La causalité efficiente.

Guillaume de Greef.
Les lois sociologiques. 3e édit.

Gustave Le Bon.
Lois psychol. de l'évolution
  des peuples. 5e édit.
Psychologie des foules. 7e éd.

G. Lefèvre.
Obligat. morale et idéalisme.

Durkheim.
Règles de la méthode sociolog.

P.-F. Thomas.
La suggestion et l'éduc. 3e éd.
Morale et éducation.

Mario Pilo.
Psychologie du beau et de l'art.

R. Allier.
Philos. d'Ernest Renan. 2e édit.

Lange.
Les émotions.

E. Boutroux.
Conting. des lois de la nature.

L. Dugas.
Le psittacisme.
La timidité. 3e édition.
Psychologie du rire.

G. Bouglé.
Les sciences soc. en Allem.

Marie Jaëll.
Musique et psychophysiol.

Max Nordau.
Paradoxes psycholog. 4e édit.
Paradoxes sociolog. 3e édit.
Génie et talent. 3e édit.

J.-L. de Lanessan.
Morale des philos. chinois.

G. Richard.
Social. et science sociale. 2e éd.

F. Le Dantec.
Le déterminisme biol. 2e éd.
L'individualité.
Lamarckiens et Darwiniens.

Flérens-Gevaert.
Essai sur l'art contemp. 2e éd.
La tristesse contemp. 3e éd.
Psychologie d'une ville. 2e éd.
Nouveaux essais sur l'art
  contemporain.

A. Cresson.
La morale de Kant.

J. Novicow.
L'avenir de la race blanche.

G. Milhaud.
La certitude logique. 2e éd.
Le rationnel.

F. Pillon.
Philos. de Ch. Secrétan.

H. Lichtenberger.
Philos. de Nietzsche. 7e édit.
Frag. et aphor. de Nietzsche.

G. Renard.
Le régime socialiste. 4e édit.

Ossip-Lourié.
Pensées de Tolstoï. 2e édit.
Nouvelles pensées de Tolstoï.
La philosophie de Tolstoï.
La philos. sociale dans Ibsen.

M. de Fleury.
L'âme du criminel.

P. Lapie.
La justice par l'État.

G.-L. Duprat.
Les causes sociales de la foli...
Le mensonge.

Tanon.
L'évolution du droit.

Bergson.
Le rire. 2e éd.

Brunschvicg.
Introd. à la vie de l'esprit.

Hervé Blondel.
Approximations de la vérité

Mauxion.
L'éducation par l'instruction

Arréat.
Dix ans de philosophie.
Le sentiment relig. en France

F. Paulhan.
Psychologie de l'invention.
Les phénomènes affectifs. 2e
Analystes et esprits synthét...

Murisier.
Malad. du sentim. relig. 2e é...

Palante.
Précis de sociologie. 2e édit.

Fournière.
Essai sur l'individualisme.

Grasset.
Limites de la biologie. 2e é...

Encausse.
Occult. et Spiritual. 2e éd.

A. Landry.
La responsabilité pénale. 2e...

**Sully Prudhomme
et Ch. Richet.**
Probl. des causes finales. 2e...

E. Goblot.
Justice et Liberté.

W. James.
La théorie de l'émotion.

J. Philippe.
L'image mentale.

M. Boucher.
Sur l'hyperespace, le temps,
  la matière et l'énergie.

Coste.
Dieu et l'âme. 2e édit.

P. Sollier.
Les phénomènes d'autoscop...

www.ingramcontent.com/pod-product-compliance
Lightning Source LLC
Chambersburg PA
CBHW070803270326
41927CB00010B/2269

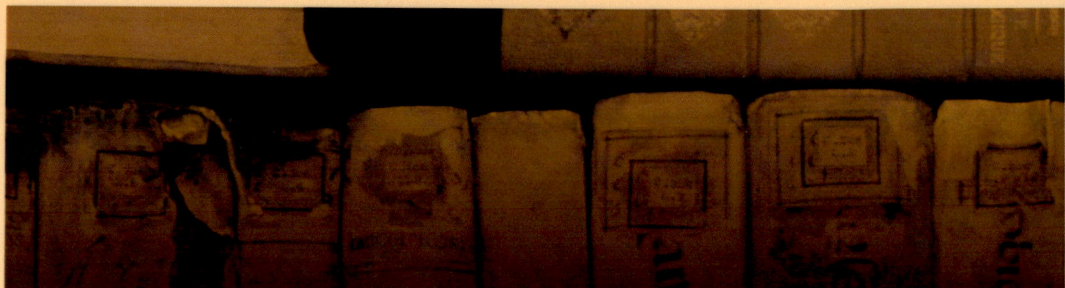

Principes de psychologie individuelle et sociale /
Carlos Octavio Bunge ; ouvrage traduit de l'espagnol,
avec une préface, par Auguste Dietrich

http://gallica.bnf.fr/ark:/12148/bpt6k56842136

hachette LIVRE   {BnF   gallica BIBLIOTHÈQUE NUMÉRIQUE

9 782012 826748